유럽, 작은 마을 여행기

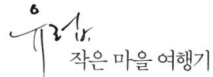 작은 마을 여행기

초판 2쇄 발행 2012년 1월 16일

지은이 조광열
펴낸이 김용환
책임편집 박보영
디자인 su:

펴낸곳 할라스
출판등록 2010년 10월 29일 제25100-2011-000023호
주소 경기도 부천시 원미구 춘의동 202 춘의테크노파크 202동 1510호
전화 010-3338-9605
팩스 032-623-8088
전자우편 halasbook@naver.com
총판 비전북 (031-907-3927)

값 14,000원 ISBN 978-89-967998-0-1 13980
ⓒ 조광열

· 이 책의 판권은 할라스에 있습니다.
· 잘못된 책은 바꿔드립니다.
· 이 책의 전부 또는 일부 내용을 재사용하려면
  사전에 저작권자와 할라스의 동의를 받아야 합니다.

유럽, 작은 마을 여행기

사무엘 베케트가 머물다 간 **프랑스 루시용**에서
매력적인 산골 마을 **스위스 생 모리츠**까지

글·사진
조광열

할라스

프롤로그

내 영혼을 무장 해제시킨
작고 소박한 유럽 마을

　사람들은 나를 보고 "노무족"이라고 부른다. No More Uncle! 더 이상 고리타분한 아저씨가 아니라 자유로운 사고와 생활을 추구하며 젊게 사는 40~50대를 지칭하는 말이다. 이 말을 들을 때마다 내 나이가 한 살씩 줄어드는 기분이 들어 흐뭇하다.

　나의 삶에 활기가 넘치는 이유의 중심에는 항상 '여행'이 자리 잡고 있다. 때로는 지치고 힘든 병원 진료 업무에서 벗어나 메마른 내 영혼의 샘

에 물을 붓는 마중물과도 같은 존재가 바로 여행인 것이다. 한마디로 여행이란 내 영혼의 행복을 위한 숨 쉬기와도 같다. 그래서 매일매일 여행 계획을 짜고 실제 여행을 가기 전에 상상의 나래를 펼친다.

사실 나는 무작정 떠나는 여행을 별로 좋아하지 않는다. 여행의 감흥이 매우 낮아지기 때문이다. 여행을 떠나기 최소 5~6개월 전부터 여행지를 공부하면서 비행기 스케줄, 숙박과 렌터카 예약 등 가능한 한 철저하게 준비한다.

이렇게 꼼꼼하게 여행 준비를 한 난 다음에 직접 비행기를 타고 가서 세계 곳곳을 여행하면 감동과 기쁨이 배가 된다. 낯선 여행지에서의 잦은 시행착오로 시간 낭비하는 일이 줄어들고, 그렇게 절약한 시간을 온전히 그 도시를 깊이 있게 감상하는 데 쏟을 수 있기에 나는 누구에게나 이 방법을 추천하고 싶다.

첫 번째 여행 에세이 『바다의 알프스 리비에라에 마음을 담다』에 이어 2년 반 만에 두 번째 책을 펴내게 되었다. 이번 책에서는 유럽의 프랑스와 스위스에 꼭꼭 숨어 있는 작은 마을들을 찾아 여행한 이야기를 소박하게 담았다. 중세 고성이 고풍스런 자태를 뽐내고 유명한 예술가들이 그림을 그리며 머물다 간 프랑스의 작은 마을들, 거대한 알프스 산과 호젓한 호수가 만들어 낸 스위스의 숨은 호반 도시가 삶에 지친 내 심장을 팔딱팔딱 뛰게 만들었다.

우리 가족이 다닌 작은 마을들은 거창하고 화려한 유명 도시에서는 느낄 수 없는 힘든 신의 숨결이 고스란히 살아 있었다. 꾸미지 않은 순수한 자연 속에서 주님과 대화하며 느릿느릿 산책을 하기도 하고, 영롱한 새벽 이슬을 머금은 꽃들과 물안개가 피어오르는 호수를 바라보며 마치 태초 에덴동산에서의 아담과 이브가 된 듯 감상에 젖기도 했다.

차를 렌트해서 구석구석 작고 수수한 유럽 마을을 돌아보다 보면 내 마음까지 맑고 순수해지는 것 같아 여행 내내 행복했다. 단단히 닫혔던 마음의 빗장을 열고 낯선 여행지에서 선사하는 모든 것을 온몸으로 받아 누리는 행복감이란 직접 경험해 보지 않은 사람은 모를 것이다.

부디 이 책을 통해 많은 분들이 천천히 곱씹으며 작고 소박한 유럽 마을을 여행하는 묘미를 맛볼 수 있기를 바란다. 그리고 고단한 인생길에서 잠시나마 편안한 휴식을 가지기를 기도한다.

조광열

차례

프롤로그 04

프랑스의
France
작은 마을을
거닐다

황토 시골 마을 루시용 18
펜트하우스에서 짐을 풀다 · 온몸으로 기억하고픈 루시용 음식
소박한 바게트 맛에 반하다 · 신비로운 황토 자연공원 · 루시용의 달밤

연극과 축제의 도시 아비뇽　　30

아비뇽유수의 역사적 현장 · 노트르담 데 돔 성당 · 돔 바위 공원 로셰 데 돔
화려한 생 베네제 다리 · 공허함이 묻어나는 교황청 · 아비뇽 페스티벌

프랑스의 마지막 지존 레지스탕스 고르드　　44

프로방스의 진수를 맛보다 · 뜻하지 않은 밤손님 · 고르드의 고성
4성급 호텔 바스티드 · 잿빛 일색의 보리 마을

세잔이 사랑한 물의 도시 엑상프로방스　　60

분수의 거리 미라보 · 고색창연한 엑스 구시가지 · 17세기 타운 마자랭 구역
세잔의 노년이 담긴 아틀리에

고흐의 그림 속 도시 생 레미 드 프로방스　　72

고흐 그림의 산책로 · 프로방스 전통 레스토랑 · 생 폴 드 마졸레 수도원
고통으로 점철된 고흐의 삶 · 고대 로마 도시 글라늄

프랑스 남부의 숨겨진 보물 레 보 드 프로방스　　86

중세 성채의 도시 · 보 가의 전성기가 녹아 있는 성채

고흐가 사랑한 도시 아를　　98

고흐의 예술혼이 불타다 · 미로 같은 아를 거리

신이 만든 천혜의 삼각주 카마르그   104

모기 떼의 환영 · 카마르그 해변 · 세 마리아를 기리는 집시 페스티벌
카마르그산 조개 요리 · 사파리와 승마 투어 · 에탕 드 바카레
절대 자연 보호구역

아름다운 항구 도시 마르세유   122

하늘과 맞닿은 구 항구 · 노트르담 드 라 가르드 대성당
몽테크리스토 백작의 이프 섬 · 마르세유의 명물 부야베스

영원한 중세 도시 카르카손   134

매혹적인 중세의 성 · 카르카손과의 감격적인 조우 · 중세 음식 카슐레를 맛보다
카르카손의 종소리 · 카타리파 전시회

로마의 위대한 유산 퐁뒤가르   150

퐁뒤가르의 웅장함에 압도되다 · 물의 도시를 위해 지어진 다리

스위스의
작은 마을을
거닐다

영혼을 잠잠케 하는 호수 마을 베기스　　162
베기스에서 누리는 한적함 · 언덕 위의 작은 호텔
색다른 스위스 산 여행 계획 · 우아한 저녁 식사 · 모둠 치즈의 신세계

스위스의 멋쟁이 도시 루체른　　174
카펠교와 사자상 · 루체른의 새벽 공기 · 볼거리로 가득한 구시가지

국제영화제의 도시 로카르노　　188
로카르노 시내를 걷다 · 광장 피아자 그란데 · 마돈나 델 사소 성당
마조레 호수의 호텔

뉴에이지의 원조 아스코나　　202
그림엽서 같은 풍경 · 아스코나의 골목길 · 몬테 베리타의 자유 정신

스위스 여행의 종결지 루가노　214
실속파 여행자들이 찾는 곳 · 유럽의 리오 데 자네이로 · 산타마리아 델리 안졸리 교회
가장 화려한 나싸 거리 · 성 로렌조 성당 · 리포르마 광장에서의 커피 한 잔

시간이 멈춘 호수 마을 간드리아　226
간드리아로 가는 길 · 호수 마을을 탐색하다 · 환상적인 산책로
헤르만 헤세 기념관

환상의 섬 이솔라 벨라　238
이탈리아 호수 섬을 만나러 가다 · 아름다운 호수 마을 인트라
거대한 배 모양의 섬 · 아찔한 검문 · 이솔라 벨라를 곱씹다

마리오 보타의 모뇨　252
스위스의 끝자락 마을을 찾아서 · 험난한 계곡에서의 곡예 운전
작고 조용한 마을 모뇨 · 신성한 건축 예술 · 영원한 내 마음속 교회

세 개의 고성으로 이루어진 벨린조나　266
중세 고성이 살아 숨 쉬는 곳 · 카스텔 그란데
무라타 성곽 · 백탑과 흑탑 · 이국적인 축제

산과 하나가 되는 베르차스카   280
베르차스카 계곡 · 로맨틱한 로만 다리 · 돌담 집에서의 저녁 식사
기대 이상의 맛, 스위스 와인 · 벽난로 앞의 고양이

엥가딘의 보석 생 모리츠   294
매력적인 산골 도시 · 올림픽이 열린 스포츠 마을 · 위대한 예술가들의 휴식처

에필로그   308

프랑스의 작은 마을을 거닐다

France

France

중세의 멋과
낭만이 살아 있는
프랑스
작은 마을.

그곳에서
과거로의 시간 여행을 하며
고성을 만나고,
예술혼을 불태운 화가들과
마주한다.

France

Roussillon

황토 시골 마을
루시용

황토색 대지의 풋풋한 향기와
초록빛 나뭇잎의 속삭이는 소리가
자장가처럼 감미롭게
내 코와 귀를 감싼다.

유럽,
작은 마을
여행기

펜트하우스에서
짐을 풀다

프로방스 산골 깊숙이 자리한 방투 산^{Mont Ventoux} 끝자락에서 루브롱 꿀롱 계곡을 내려다보고 있는 자그마한 마을 루시용^{Roussillon}.

프로방스 향토 맛의 고장으로도 유명한 산골 마을 루시용에 파묻혀서 프로방스의 햇빛, 미풍, 황토에 나의 온몸을 내맡기고 싶은 마음에 발걸음이 빨라진다. 그곳에서 제대로 숙성된 프로방스 와인처럼 맛깔스러운 프로방스 즐기기에 푹 빠져 보리라.

니스에서 엑상프로방스까지 고속도로로 두 시간. 그리고 다시 국도와 산길을 따라 한 시간 반을 올라가니 자그마한 시골 마을 루시용이 그 모습을 드러낸다. 미리 예약해 둔 호텔의 전망 좋은 3층 펜트하우스에 짐을 풀었다. 펜트하우스라는 말에 이런 호사스런 숙박이 어디 있느냐고 하겠지만, 그 가격은 일반 호텔보다도 저렴하다.

나는 짐을 내던지고 단숨에 앞이 탁 트인 발코니로 뛰어나갔다. 루브롱 꿀롱 계곡이 아래로 펼쳐져 있고, 계곡 너머 저 멀리 산자락 끝에는 유명한 중세 마을 고르드^{Gordes}가 살짝 보인다. 아, 여기서 일주일을 지낼 생각을 하니 마치 꿈을 꾸는 것처럼 황홀하다.

온몸으로 기억하고픈 루시용 음식

우리 가족은 허기진 배를 움켜잡고 호텔 주인장이 추천해 준 식당을 찾아 들어갔다. 루시용은 인구가 아주 적은 작은 마을이지만 일주일을 묵어도 다 맛보지 못할 정도로 맛있는 식당들이 즐비하다고 하니, 벌써부터 음식 맛이 기대가 된다.

식당은 마을 중간에 있는 광장 옆 레스토랑이었는데, 입구는 좁지만 안으로 들어가니 넓고 편안한 뜰이 나타났다. 야외의 풍경을 즐기면서 식사를 할 수 있는 노천 식당이니 시작부터 만족스럽다. 우리 가족은 자리를 잡고 프로방스 풍 소스와 양념으로 한 양고기, 생선, 디저트, 샐러드 등 여러 가지를 시켰다. 역시 예상했던 대로 음식 맛은 어느 것 하나 빠지는 것 없이 모두 일품이었다. 그 맛을 제대로 설명할 수 없는 나의 부족한 표현력을 탓해야 할 것 같다. 입 안에서 살살 녹는 음식 맛을 놓치기가 아까워 나는 온몸으로 그 맛을 기억하려고 애를 썼다. 역시 루시용의 음식은 최고이다. 가격도 싸지만 돈을 떠나서 맛으로도 어느 유명 레스토랑에 뒤지지 않는다.

유럽,
작은 마을
여행기

소박한 바게트 맛에 반하다

배불리 먹고 나서는 한적한 시골 길을 정처 없이 걸었다. 길을 가다 보니 이 마을에 하나밖에 없다는 식료품점을 발견했다. 쾌활하고 힘이 넘쳐 보이는 50대 아주머니가 매일 직접 만들어 파는 바게트 빵이 꽤 맛있어 보였다. 마을 사람들의 말에 슬쩍 귀를 기울이니 오후에는 바게트를 사기 어려울 정도로 인기가 좋다는 이야기가 들려온다.

이렇게 극찬을 하는데 배가 부르다고 사먹지 않을 수가 없다. 나는 바게트를 사서, 특별히 주인아주머니가 만들었다는 또 하나의 걸작인 하얗고 부드러운 치즈를 발라 먹어 보았다. 그저 바게트는 딱딱한 빵인 줄만 알았는데, 부드러운 치즈와 겉은 바삭하고 속은 쫄깃한 바게트의 조화가 상상 이상으로 괜찮았다. 소박한 바게트 하나가 내게 이런 만족을 줄 수 있다니 놀랍기만 했다.

신비로운 황토 자연공원

프로방스는 피카소, 샤갈, 마티스, 세잔, 고흐, 르누아르 등의 대가들이 말년을 보낸 곳으로 유명하다. 왜 유독 그들은 프로방스를 좋아했을까? 아마도 프로방스 지방의 독특한 황토인 오크

르^{ocre}에 매료되었기 때문일 것이다.

　루시용의 황토는 오랜 세월의 풍파에도 잘 허물어지지 않지만, 그 입자가 매우 부드럽고 미세하며 색깔도 미묘한 차이로 다양하다고 한다. 루시용 황토의 색조는 엷은 노란색부터 짙은 붉은 색까지 17개, 아니 그 이상의 프로방스 특유의 황토 색깔을 낸다. 루시용이 프로방스 첩첩 산중에서도 지금까지 찬란한 빛을 발하는 이유는 예전에 염료의 원료로 사용됐던 황토 채석장이 지금의 황토 자연공원으로 조성되었기 때문이다.

　루시용 황토의 특성은 분석학적으로 산화철, 규소 등 미묘한 구성 성분의 차이 때문이라고 하나 그렇게만 단정 짓기에는 색조가 너무 신비스러워서 그 이상의 무엇이 있을 거라는 생각이 든다. 황토 자연공원을 체험하는 사람이라면 누구나 프로방스 황토색 분말이 온몸을 감싸는 느낌을 흡족하게 여긴다고 하니 실로 그 느낌이 어떨지 기대가 된다.

　드디어 루시용이 자랑하는 황토 자연공원 앞에 도착했다. 입구에 들어서자마자 역시 바닥에서부터 언덕 위까지 온통 황토로 뒤덮여 있었다. 황토들이 오래된 풍화 작용으로 인해 다양한 형태의 모양을 하고 있어 마치 화성에 온 듯한 느낌이 든다. 나같이 미적 감각이 떨어지는 사람도 어릴 적에 이곳에 와서 오묘한 황토색을 보았더라면 예술적 심미안이 저절로 생겼을 것 같다. 그만큼 수천수만 가지의 황토색과 황토 형상이 환상적인 작품으로 우리의 눈을 사로잡는다. 이곳을 본 사람은 누구나 색조의 경지를 터득하고 예술가가 될 수 있을 듯 싶다.

장 콕토^{Jean Cocteau} 등 유행의 첨단을 걸었던 프랑스 풍운아들도 황토와 발효 음식으로 유명한 시골 마을 루시용의 매력에 푹 빠졌다고 한다. 또한 사무엘 베케트^{Samuel Beckett}가 제2차 세계대전 당시 레지스탕스로 활동하다가 여기서 2년간 은신했다고 하는데, 『고도를 기다리며』와 같은 작품이 나온 것도 루시용에서 받은 영감 때문이리라.

루시용의 달밤

나는 오랜만에 따사로운 프로방스의 초가을 햇살을 마음껏 즐기기 위해 처음으로 온몸을 드러내고 일광욕을 하는 용기를 내본다. 해가 지기 전에 조금이라도 햇살의 기운을 누려 보려고 서둘러 거추장스러운 옷을 벗고 누웠다. 다행히 우리가 묵는 펜트하우스의 발코니가 가장 꼭대기에 있어서 밖에서는 어느 누구도 볼 수가 없다.

저 아래 루브롱 꿀롱 계곡에서부터 불어오는 미풍이 따사로운 햇살로 알맞게 데워져 부드러운 온기를 품고 나의 살갗을 간질인다. 그리고 황토색 대지의 풋풋한 향기와 초록빛 나뭇잎의 속삭이는 소리가 자장가처럼 감미롭게 내 코와 귀를 감싼다. 루시용의 자연에 흠뻑 취해 있다 보니 어느새 검게 물든 하늘 위로 루시용의 보름달이 덩그러니 떴다. 루시용의 밤은 이렇게 깊어만 갔다.

Avignon

연극과 축제의 도시
아비뇽

중세 아비뇽 성당에서 우리 가족은
어떤 교회에서도 경험하지 못한
주님의 따사로운 은총을 충만히 받았다.

유럽,
작은 마을
여행기

아비뇽유수의
역사적 현장

아비뇽^{Avignon}은 고대어로 '거친 바람의 도시' 혹은 '강의 도시'라는 의미를 갖고 있다. 왠지 이름처럼 남성적이면서도 거친 매력이 그 도시에 가득하지 않을까란 기대를 해본다.

차를 타고 한참을 가니 드디어 거대한 성벽으로 둘러싸인 중세 성곽 도시 아비뇽이 그 멋진 위용을 드러낸다. 성곽 맞은편 길가에는 현대식 테제베^{TGV} 기차역이 한눈에 들어온다. 파리 리옹 역에서 650킬로미터나 떨어진 거리인데도 최근에 신설된 고속 테제베 덕분에 아비뇽까지 3시간 만에 올 수 있게 되었다고 한다.

이곳 아비뇽 성벽은 마치 테제베란 타임머신을 타고 온 과거 세상처럼 그 옛날 자취를 고스란히 간직하고 있다. 성벽을 따라 론^{Rhone} 강에 다다르니 강 중간에서 끊어져 버린 생 베네제 다리$^{Pont\ St-Beneze}$가 우리의 시선을 끌었다.

여기서 잠시 아비뇽의 역사 이야기를 꺼내야겠다. 바티칸 교황청이 프랑스와의 세력 다툼 끝에 굴복하여 14세기경인 1309년에서 1377년까지

유럽,
작은 마을
여행기

68년 동안 7명의 교황이 아비뇽에서 권좌를 계승하며 교황청의 역할을 담당했다. 기원전 6세기 유대인의 바빌론유수에 빗대어 이를 교황의 아비뇽 유수라고 한다. 외곽을 둘러싸고 있는 이 거대한 성벽은 그때 건축되었다고 하는데, 교황을 보호하기 위한 것임을 한눈에 느낄 수 있었다. 어떤 강력한 무기로도 뚫을 수 없을 듯한 견고한 성은 바위산 속에 요새처럼 우뚝 서 있다.

좁은 중세 골목을 따라 걷다 보니 중심가인 레퓌블리크 대로 la Grande Rue de la Republique가 나타나는데, 양옆으로 테라스 카페와 상점들이 줄지어 서 있다. 좀 더 올라가니 회전목마와 노천카페 테이블로 가득 덮인 시청 앞 광장이 나온다. 그 위로 가슴이 확 트일 정도로 넓은 궁전 광장이 펼쳐져 있고, 궁전 광장 너머 오른편 위로는 교황청이 단단한 자태를 뽐내며 우뚝 솟아 있다. 언제나 여행객들로 붐비는 이곳은 아비뇽의 번화가로 한밤중까지 떠들썩하다.

노트르담 데 돔 성당

교황청 바로 옆에는 첨탑에 황금 마리아 상이 곧게 서 있는 노트르담 데 돔 성당 Cathedrale Notre-Dame des Doms이 있다. 순수한 프로방스 로마네스크 양식으로 지어진 이 성당은 교황이 아비뇽으로 들어오

기 전인 12세기에 지어졌단다. 스테인드글라스를 통해 눈부신 햇살이 은은하게 성당 안의 제단으로 쏟아져 내린다.

성당 제단 맨 앞에 앉은 우리 가족은 잠시 휴식을 취하며 지그시 눈을 감았다. 그리고 여행 중에 우리만의 조용한 예배를 드린다. 마음이 금세 평온해지고, 어렴풋하게나마 천국의 분위기가 느껴진다. 비록 부패의 상징으로 알려진 중세 아비뇽 성당이지만 우리 가족은 지금 어떤 교회에서도 경험하지 못한 주님의 따사로운 은총을 충만히 받고 있다.

돔 바위 공원
로셰 데 돔

성당 옆으로 서서히 도는 사선 계단을 따라 오르니 돔 바위 공원인 로셰 데 돔$^{Rocher\ des\ Doms}$이 나온다. 예루살렘에서 눈에 확 띄는 황금 사원인 바위의 돔$^{Dome\ of\ the\ Rock}$ 모스크와 이름이 흡사하다. 아기자기한 연못 안의 비너스 상 주위로 분수가 얌전히 물을 뿜고 있고, 거위들이 한가로이 연못 위를 떠다닌다. 그리고 광장 가운데 서 있는 오래된 고목나무 너머에는 기암으로 이루어진 자그마한 동산이 보이는데, 그 밑으로 샘이 흐른다. 마치 동양 정원과 비슷한 분위기이다. 이곳이 중세 때는 이 도시의 수원지였다고 한다.

광장 앞으로 반원 모양의 파노라마 전망대가 있는데, 그곳으로 가서 눈앞에 펼쳐진 마을 풍경을 바라보았다. 론 강 건너편에는 빌뇌브 레자비뇽 Villeneuve-lez-Avignon 마을과 성 앙드레 요새 Fort Saint André가 보인다. 파노라마로 그려진 전시용 그림과 비교해 보니 방투 산 오른쪽으로 우리가 묵고 있는 루시용과 고르드가 있다. 또 저 멀리 북쪽으로는 유명한 와이너리인 샤토 뇌프 뒤 파프 Chateauneuf du Pape가 자리를 잡고 있다.

교황들이 와인을 좋아하여 처음에는 부르고뉴 산 와인을 수백 킬로미터 떨어진 곳으로부터 가져다 먹었다고 한다. 그러다가 급기야는 가까운 거리에 와이너리인 샤토뇌프 뒤 파프를 새로 만들어 놓았다고 하니, 하루라도 와인이 없으면 살 수 없을 정도였나 보다.

화려한 생 베네제 다리

성곽을 따라 생 베네제 다리까지 내려가니 기막힌 절경이 계속해서 펼쳐진다. 뒤로는 교황청과 성당들이 우뚝 솟아 있고, 앞으로는 론 강과 생 베네제 다리가 보인다. 그리고 론 강 너머 언덕 위 마을들이 옹기종기 모여 있다. 발걸음을 옮길 때마다 시시각각 달라지는 풍경의 아름다움을 하나라도 놓치기 싫어서 천천히 아주 천천히 걸으며 보고 또 보았다.

베네제라는 양치기가 신의 계시를 듣고 지었다는 생 베네제 다리는 모두 22개의 아치였는데, 지금은 4개의 아치만이 남아 있다. 다리로서의 역할은 하지 못하는 무용지물이 된 것이다. 하지만 오히려 이제는 이 다리가 아비뇽의 대표적 상징이 되었다. 다리 입장료만 해도 3.5유로로 꽤 비싸다. 하지만 여기서 그냥 돌아갈 수 있으랴. 다리를 보니 "로니 당스 로니 당스"라는 노랫말이 계속 머릿속을 맴돈다. 이는 프랑스 동요 '아비뇽 다리 위에서'라는 노래인데, 생 베네제 다리로 이어지는 축대 중간 즈음에 이 노래비가 세워져 있다.

우리 네 가족이 아비뇽 다리를 건너가는데 프랑스 학생들로 보이는 십대 소녀들이 우르르 몰려가며 신 나게 "로니 당스 로니 당스" 하고 노래를 부른다. 시간을 거슬러 올라간 듯 둥근 원을 그리며 춤을 추면서 즐거운 한때를 보내는 소녀들을 잠시 부러운 눈으로 쳐다보았다.

아비뇽 다리 중간 지점으로 가보니 자그마한 돌들로 건축된 생 니콜라 예배당이 재미있게 숨겨져 있다. 그리고 생 베네제 다리에서 궁전 광장으로 다시 올라가는 골목골목마다 기념품 가게와 호텔들이 빼곡히 있어 구경하는 잔재미가 쏠쏠하다.

공허함이 묻어나는 교황청

웅장한 고딕 양식으로 지어진 높이 50미터, 두께 4미터나 되는 교황청 팔레 데 파프Palais des papes의 거대한 벽을 넘어서 성 안의 성인 교황궁으로 들어가 본다. 프랑스 혁명, 군대 병영 기지 등 무수한 점거의 역사로 점철된 교황 궁 안은 이상하리만치 휑한 느낌이 들었다.

그 안에 있던 유품들은 수차례 약탈을 당하고 건물 안의 벽면과 장식품들은 많이 훼손되어 있었다. 텅 빈 거대한 궁전 방에 있는 것이라고는 아주 작은 창문밖에 없다. 하지만 이 창문에 새겨진 세심한 조각들에서는 아직도 아름다운 생명들이 넘쳐흐르는 듯 느껴졌다. 어둠 속에서도 황홀한 사랑의 빛을 발하는 실루엣에 도취된 나와 아내는 두 팔을 모아 사랑의 하트를 그리며 사진 한 장을 찍었다.

수십 개의 비어 있는 방들 가운데에는 사냥을 하는 벽화와 포도 덩굴로 장식된 푸른 그림 벽이 있는 방들이 어둠 속에서도 어렴풋이 빛을 발했다. 개성이 강한 교황들의 취향에 따른 실내 장식이라고 한다. 나도 잠시 그들의 취향을 느끼며 갑갑한 방에 앉아 있는 교황이 되어 보았다.

교황도 인간이기에 사냥도 즐기고 포도주도 마시고 싶었으리라. 또 바티칸보다 더 큰 교황청을 만들기 위해 금전의 유혹을 뿌리치기 힘들었을 것이다. 그러나 지금은 모든 것이 공허해졌고 낡은 벽에 흐릿한 흔적으로만 남아 있다. 나에게도 그 옛날의 교황들처럼 뿌리치지 못하는 세상적인 유혹들이 얼마나 많은가. 그것이 모두 헛된 것임을 아비뇽의 교황청에서 다시금 절감하게 된다.

아비뇽 페스티벌

교황청을 나오니 오른편 위로 프티 팔레 미술관^{Musee Petit-Palais}이 보인다. 그곳에서는 서기 13세기에서 16세기에 걸친 이탈리아 종교화들이 전시되고 있었는데, 로마네스크, 고딕 양식의 조각상, 그 당시 활약했던 아비뇽 화가들의 작품들을 만날 수 있었다.

아비뇽에서 유명한 것은 아비뇽 페스티벌이다. 이것은 1947년 장 빌라르^{Jean Vilar}에 의해 생겨난 국제 연극제인데, 매년 여름 7월과 8월에 10여 만 명이 모여 화려한 행사를 치른다. 아비뇽의 극장과 넓은 노천 광장과 교황청 안에서는 '페스티벌 인'^{Festival In}이라는 이름으로, 그리고 역사가 배어 있는 중세 골목 곳곳에서는 '페스티벌 오프'^{Festival Off}라는 이름으로 연극, 댄스, 음악, 시네마 등이 다양하게 열린다.

널따란 교황청 앞 광장 노천 식당에 앉아 늦가을의 시원한 바람을 맞으며 교황청, 성당, 프티 팔레 미술관을 번갈아 바라보면서 예술로 승화된 여름의 아비뇽 축제를 상상해 본다. 다음번에는 꼭 여름에 들러 아비뇽의 환상적인 축제를 즐겨 보리라.

42 43 France

Gordes

프랑스의 마지막 지존 레지스탕스
고르드

미세하게 진동하는 햇살이
미풍에 실려 나의 뺨을 스치고,
보리와 함께 나의 얼굴도 태양빛에
자르르 익어간다.

유럽,
작은 마을
여행기

프로방스의 진수를 맛보다

고르드는 현재 '프랑스에서 가장 아름다운 마을'로 지정된 152개 마을 중 하나이다. 내가 다닌 프로방스 마을 중에 루시용, 구르동, 레 보 드 프로방스도 여기에 속한다.

고르드는 높은 언덕 꼭대기에 자리한 마을로 언덕의 가장 위에 있는 성체를 중심으로 중세풍의 가옥들이 계단 형식으로 빼곡하게 늘어서 있다. 높은 곳에서 내려다보이는 아름다운 절경에 매료되어 고르드에 정착한 예술가들이 많은 탓인지 아틀리에도 자주 눈에 띈다.

영국의 저널리스트인 피터 메일이 쓴 『나의 프로방스』A Year in Provence라는 책을 읽어 본 적이 있는가? 이 책은 피터 메일이 고르드와 루시용 사이에 있는 작은 마을 보니외Bonnieux 근처에 있는 농가에서 1년간 살며 쓴 책이다. 보니외는 뤼브롱 산Mont Luberon 바로 옆에 있는 마을인데, 고르드와 루시용 마을을 포함하여 이 근처 반경 10킬로미터 내외가 프로방스 속살의 진수를 즐기기에는 안성맞춤이다. 피터 메일의 책에도 프로방스의 아기자기하고 잔잔한 일상이 일기처럼 세심하게 묘사되어 있다.

이곳에서는 프랑스의 최고 버섯인 트뤼프truffe, 송로 버섯 조각을 박아 넣은 마르카생1년생 미만의 멧돼지의 허리 살과 '페브로나타'라는 프로방스식 송아지 스튜를 맛볼 수 있다. 그뿐 아니라 한국에서 돼지고기 삶듯이 프로방스 비법으로 하루 이틀 정도 푹 삶아서 요리한 여우 고기 요리도 먹을 수 있다.

뜻하지 않은 밤손님

고르드의 첫 인상이 꽤나 매력적이라고 결론을 내리기도 전에 우리 가족에게 불미스러운 일이 벌어지고 말았다. 동양인 가족이 유난히 눈에 띄는 프로방스 지역이라 그랬는지, 누군가가 이방인인 우리를 노리고 캄캄한 밤에 차 안의 소지품을 모조리 훔쳐 가고 만 것이다.

인적이 드문 밤 시간이라 내가 방심한 탓도 있었다. 잠깐 차에서 내려 묵을 호텔을 알아보던 중에 순식간에 일어난 일이었다. 도둑은 우리 가족의 여권, 한 달 쓸 현금과 신용카드, 노트북 그리고 아내의 액세서리까지 몽땅 들고 갔다. 다행히 내 신용카드 한 장과 약간의 돈이 남아 있었다.

다음날 경찰서가 있다는 곳으로 기어가듯이 차를 몰았다. 길이 구불구불 산길이라 어쩔 수가 없었다. 고르드가 사진에서 본 모습처럼 가운데 고성을 중심으로 보클뤼즈 고원 끝에 베르동 계곡을 내려다보며 독수리 둥

지처럼 탄탄히 달려 있다. 아침 햇살을 받은 독수리 요새는 황금빛으로 반사된 뤼미에르로 우리를 환영하고 있었다.

고르드 어귀에 있는 경찰서 사무실에는 사이프러스의 푸르른 녹음이 보이는 커다란 통 창문이 있어서 2시간 동안 조사를 받으면서도 별로 힘들지가 않았다. 이런 전망 좋은 경찰서라면 하루 종일이라도 있을 것 같다.

경찰관은 코르시카 섬 출신이었는데, 코르시카에 대해 물으니 신이 나서 설명해 준다. 코르시카 섬은 프랑스와는 완전 딴 나라라며 엄지손가락까지 치켜세우면서 여행지로 적극 추천하기까지 했다.

이틀 후 나는 800킬로미터 떨어진 파리까지 최고 시속 240킬로미터로 차를 몰고 달려갔다. 다행히 대사관 친구의 도움으로 여러 난처한 상황들을 겨우 해결하고 돌아올 수 있었다. 여행에서 이런 낭패를 겪으면 온 정신이 혼미해진다. 하지만 이것도 여행의 일부라고 스스로 마음을 다독여 본다.

고르드의 고성

빈털터리가 된 우리 가족은 고르드 관광 사진의 랜드마크인 고성으로 향했다. 그곳은 현재 시청과 미술관으로 사용되고 있었다.

1996년까지는 헝가리 태생의 추상화가 빅토르 바자렐리^{Victor Vasarely}의 미술관이었다가 지금은 고르드 마을 주민이기도 했던 벨기에의 현대화가 폴 마라^{Paul Mara}의 미술관으로 꾸며져 있다. 사실 옵아트^{Op art}의 거장 바자렐리의 최면성 강한 작품을 내심 보고 싶었다. 하지만 르네상스풍의 현란한 나선형 대리석 계단을 따라 올라가 폴 마라의 영롱하고 몽롱한 입체적 회화들로도 내 눈은 충분히 호강을 했다.

미술관을 둘러보고 내려오니 1층 시청 로비에서 16세기 르네상스풍의 화려하지만 위엄 있는 벽난로가 몽롱해진 나의 눈을 추슬러 준다. 시청 앞 광장의 노천카페에는 먹을 게 별로 없어 보여 식당을 찾기 위해 고르드 마을로 다시 천천히 내려가기 시작했다. 내려가는 길목마다 예쁘게 단장하고 우리의 발걸음을 붙잡는 조그만 기념품 가게들과 갤러리들을 지나치지 못하고 기웃거려 본다.

이번 주말에 고르드에서 사이클 경기가 열린다고 했는데, 아니나 다를까 가파른 고르드의 조약돌 언덕길을 자전거로 바람같이 내달리는 사람들이 보인다. 안장에서 엉덩이를 들고 경쾌하게 씰룩거리며 로드 자전거를 타는 사람들의 모습이 기세등등하게 느껴졌다. 나도 그들과 어울려 가벼운 사이클링을 즐기고 싶은 욕구가 치솟아 오른다.

유럽,
작은 마을
여행기

4성급 호텔 바스티드

마을 중간 즈음에는 절벽 끝 전망 좋은 곳에 세워진 이 마을 최고급 4성 호텔인 바스티드 드 고르드 Bastide de Gordes가 있다. 호텔을 구경하기 위해 슬쩍 들어가 보니 호텔 뒤에 있는 정원의 노천 식당이 알피유 산지 the Alpilles와 쿨롱 계곡을 향하여 활짝 자리를 펼치고 있었다. 오늘은 이곳에서 좀 비싼 점심 코스를 먹어 보기로 했다. 가끔씩 여행 중에 즐기는 사치도 있어야 여행할 맛이 나지 않겠는가.

주변을 둘러보니 60~70대 부자 노인들과 세미나 참석차 온 한 그룹이 앉아 있다. 나오는 코스 요리는 전채부터 모두 진홍색이다. 맛은 나쁘지는 않았는데, 익숙하지 않은 아주 희한한 맛이었다. 웨이터에게 물어 보니 이 식당 치프 셰프가 자기의 개성을 담은 요리를 할 때가 가끔씩 있는데, 오늘이 그날이라며 어깨를 으쓱해 보인다. 프랑스 요리의 최고 주방장들이 항상 최상을 유지해야 하는 스트레스 때문에 자살 기도까지 한다는 이야기를 들었는데, 지금 내가 먹는 이 음식이 그 극한의 고통을 이겨내고 탄생한 프랑스 요리의 진수처럼 느껴졌다. 프랑스 요리를 득도한 듯한 셰프의 요리를 나는 한 조각도 남기지 않고 싹싹 긁어 먹었다.

이 호텔은 고품질 프로방스 와인의 지하 저장고로도 유명하다고 한다. 그중에서도 로즈 와인이 유명하다. 마침 웨이터가 차게 해 놓은 오크통에 로즈 와인을 넣어 나오는 모습이 보인다. 이곳 프로방스뿐만 아니라 프랑

54　55　France

유럽,
작은 마을
여행기

스에서는 대체로 낮에 레드 와인보다는 차게 한 로즈 와인을 즐겨 먹는다고 한다.

잿빛 일색의 보리 마을

고르드의 최고급 호텔에서 배를 채운 우리는 다시 기운을 얻어 2킬로미터 정도 남쪽에 있는 보리 마을Village des Bories을 향해 차를 몰았다. 가까운 거리인데도 불구하고 비좁고 구불구불한 비포장도로를 지나야 해서 한참 동안 진땀을 뺐다.

허름한 주차장에 차를 세우고 마을을 둘러보니 '보리'borie라는 돌로 만든 특이한 집들이 에스키모의 이글루처럼 여기저기 서 있다. 보리는 이 근처 지역인 압트Apt 등에서 나오는 돌인데, 이 돌로 모르타르 없이 순수하게 쌓아 집을 만들었다고 한다. 청동기 시대부터 쌓기 시작한 돌집이 18세기 경까지도 만들어졌다고 하니 3천 년 동안 유효했던 아주 신비롭고 경이로운 건축물인 셈이다.

1964년 피에르 마르텔M. Pierre Martel은 자기 할아버지가 했던 방식대로 자그마한 보리를 만들었는데, 30만 개의 돌을 사용하여 건축했고, 그 무게도 180톤이나 되었다고 한다. 농부나 목동들의 오두막, 저장창고, 포도주 저장고, 작업장, 양 우릿간 등 보리라는 돌이 사용되지 않은 곳이 없었다. 우리 가족은 돌로만 세운 2층집을 올라가 보기도 하고, 보리 마을의 명물인 '세 군인'Trois soldats의 돌집 앞에서 사진 한 장도 찍었다.
　잿빛 돌들로만 이루어진 독특한 형태의 집들이 모인 보리 마을. 3천 년의 역사를 자랑하는 겹겹이 싸인 돌들이 프로방스 오후의 주홍빛 햇살로 다시 생명을 찾아 숨을 고르며 고혹적으로 농익어간다. 나는 햇살에 영롱히 빛나는 보리의 표면에 나의 볼을 살짝 대고는 실눈을 뜨며 태양을 바라보았다. 미세하게 진동하는 햇살이 감미로운 미풍에 실려 나의 뺨을 스친다. 보리와 함께 나의 얼굴도 태양빛에 자르르 익어간다. 마치 3천 년의 나이를 먹은 보리가 나에게 더 머물다 가라고 속삭이는 것 같다.

유럽,
작은 마을
여행기

Aix-en-Provence

세잔이 사랑한 물의 도시
엑상프로방스

미라보 거리에는
초록색 이끼로 치장한
다양한 분수들이 도열하고 있었다.
마치 분수 전시장을 방불케 했다.

유럽,
작은 마을
여행기

분수의 거리
미라보

마르세유에서 북쪽으로 한 시간 거리인 엑상프로방스Aix-en-Provence는 기원전 2세기경 로마인들이 아쿠아이 섹스티아이Aquae Sextiae, 즉 '물의 도시'라고 명명한 것에서 그 이름이 유래되었다고 한다. 이 도시는 다양한 아트 페스티벌이 열리고 전통 예술 학교가 포진해 있어서 '예술의 도시'라고 불리기도 한다.

차를 몰고 프로방스의 중심가인 미라보 거리까지 들어갔는데 주차장을 찾지 못해 한참을 고생했다. 겨우 공영 주차장을 찾아 차를 대고 미라보 거리를 활보하기 시작했다. 엑상프로방스는 라 로통드La Rotonde 분수를 중심으로 방사형으로 길들이 쭉쭉 뻗어 있는데, 그중 메인 거리인 미라보 거리 입구에 관광 안내소가 있다. 안내소 앞에 서 있는 세잔 동상이 우리를 반가이 맞아 주었다.

우리는 안내소에서 구입한 지도를 보면서 미라보 거리 곳곳의 다양한 분수들을 구경한 다음, 미라보 거리를 가운데 두고 북과 남으로 형성되어 있는 엑스 구시가지와 마자랭 구역Qurtier Mazarin 그리고 세잔 아틀리에를 방문하는 것으로 하루 일정을 잡았다.

먼저 미라보 거리를 들어서니 양 옆으로 큼직한 플라타너스 가로수들이 즐비하게 서 있고, 그 사이 사이에 초록색 이끼로 치장한 따뜻한 온천 샘 등 다양한 분수들이 도열하고 있었다. 어쩌면 거리에 이토록 많은 분수들이 있는지 신기할 정도이다. 마치 분수 전시장을 방불케 한다.

우리는 세잔이 즐겨 찾았다는 미라보 거리 53번지에 위치한 두 갸르송 les Deux Garsons 노천카페에 앉아 점심을 먹었다. 엑상프로방스의 지역 음식인 돼지 족발은 우리나라의 족발과 비슷한데 국물이 있고 맛도 좋았다. 이 지역 수프도 하나 시켰는데 미국 뉴올리언스의 매콤한 검보 수프처럼 걸쭉했다.

고색창연한 엑스 구시가지

미라보 거리 북쪽 구역인 엑스 구시가지부터 구경하기로 했다. 자연사 박물관을 지나 생 소뵈르 Saint-Sauveur 대성당까지 가는 길에 만나는 골목골목마다 고색창연한 볼거리들로 가득하다. 엑상프로방스는 온천 관광지로도 유명하지만 나 같은 뜨내기 여행자에게는 유서 깊은 생 소뵈르 대성당을 둘러보는 것만으로도 가슴이 벅차다. 생 소뵈르 대성당은 오랜 기간 동안 조금씩 증축되었던 이유로 5세기 로마 시대 때

유럽,
작은 마을
여행기

부터 17세기까지의 다양한 건축 양식이 녹아들어 있었다. 대성당 곳곳을 구경하며 '이것은 고딕양식, 이것은 로마네스크 양식, 또 저것은 르네상스 양식이구나' 하고 하나하나 짚어 가며 보는 재미가 쏠쏠했다. 특히 가이드 안내를 통해서만 볼 수 있는 로마네스크 양식의 생 소뵈르 대성당의 회랑은 내 마음을 경이롭게 만들었다.

대성당 옆에는 2세기 로마 온천 지역이 있고, 18세기에 건축한 열 온천까지 구비되어 있었지만 야속하게도 그것을 즐길 시간은 허락되지 않았다.

오후가 되자 리쉐름^{Richelme} 광장과 시청 앞 광장의 오전 장터는 파하고 그 자리에 노천카페들이 들어서기 시작했다. 시청 앞 광장에서 커피 한 잔을 시켜 놓고 분수대 앞에서 세상 편하게 늘어져 자고 있는 개를 지그시 바라본다. 아, 시간이 멈춘 듯이 나른한 오후이다. 이 여유로운 시간을 오래도록 즐기고 싶다.

17세기 타운 마자랭 구역

구시가지 골목을 나와 미라보 거리를 지나서 남쪽 구역인 17세기 타운의 마자랭 구역으로 들어선다. 마자랭 구역은 17세기 주택가라 북쪽 구시가지와는 확연히 다르게 조용하고 차분하다. 거리에는 오가는 사람조차 드물 정도이다. 우리 가족은 머리를 맞대고 지도에서 세잔의 생가를 찾았다. 오페라가 28번지 한적한 곳에 위치한 세잔의 생가 앞에 다다른 우리는 관광객 티를 내며 먼저 사진부터 박았다.

    세잔은 예술의 도시인 엑상프로방스에서 태어났다. 그는 은행가 아버지를 둔 덕분에 부유한 환경에서 자랄 수 있었고, 로맨틱하고 쾌활한 어머니의 예술적 끼를 물려받았다. 또한 어린 시절 파리에서 온 에밀 졸라와 함께 선후배로 학창시절을 보냈다. 젊은 시절 파리로 간 세잔은 마네, 모네, 피사로 등 인상파 화가들과 작업을 하면서 색조가 밝아진다. 그리고 자기만의 감각을 표현하는 단순화와 개성의 깊이를 더하는 화풍이 나오기 시작하면서 큐비즘의 시조가 되고 마티스와 피카소가 그 뒤를 잇게 된다.

    세잔의 생가를 나와 골목 안쪽으로 더 들어가니 12세기 말엽에 건축된 생장드말뜨 St. Jean de Malte 성당과 그 옆에 위치한 그라네 박물관 Musée Granet이 나온다. 우리 가족은 세잔 전시회를 볼 수 있으리라는 기대에 잔뜩 부풀어 있었는데, 아쉽게도 전시회는 끝났다고 한다. 섭섭한 마음에 그 앞을 떠나지 못하고 서성이는 우리 가족이 안쓰러웠는지 박물관 직원이 5분 거리에 있는 세잔의 아틀리에를 가보라고 권했다. 우리 가족은 다시 밝아진 얼굴로 택시를 타고 세잔 아틀리에로 날아갔다.

세잔의 노년이 담긴 아틀리에

세잔의 아틀리에는 조용한 주택가 언덕바지에 위치하고 있었는데, 주택은 자그마하지만 정원은 제법 넓고 컸다. 우리가 갔을 때는 운 좋게도 커다란 정원 여기저기에서 설치 미술 전시회가 한창 열리고 있었다.

세잔은 누구보다도 풍족한 예술적 배경을 가지고 있었다. 하지만 세잔을 보헤미안적 인생으로 풍자한 소설로 인해 에밀 졸라와 결별하게 되고, 마지막 몇 년간은 당뇨병을 앓으면서 모친의 죽음과 아내와의 이혼을 겪고 홀로 남게 된다. 세잔이 노년에 그림에만 몰두했다는 마지막 아틀리에를 둘러보면서 그의 열정을 느껴 보았다. 생트 빅투아르 산과 주변 자연을 그린 그의 유화나 수채화를 보고 있자니 마치 수도승이 수도를 하듯이 그림을 그린 것 같은 생각이 들었다. 그의 그림 속 맑은 색깔처럼 내 마음도 해맑고 깨끗한 초록색으로 채워지는 기분이다. 쏟아지는 폭우 속에서도 들판에 서서 마지막 작업을 하다가 폐렴으로 죽은 세잔의 자취를 더 느껴보려고 넓은 뜰을 이리저리 거닐어 본다.

부유한 유산을 남긴 은행가 부친에 이어 예술적 혼으로 교감한 어머니와의 사별. 부친의 반대에도 불구하고 열정적 사랑으로 결혼한 아내와의 이혼. 그리고 어린 시절부터 돈독히 우정을 쌓은 에밀 졸라와의 결별. 이러한 불안정한 인간관계 속에서 폴 세잔은 홀로 남은 예술혼을 마지막까

지 불태우다가 숨을 거두었다.

　세잔의 풍요로운 인생뿐 아니라 마지막 지병과 홀로 된 인생까지 구석구석 만나게 해준 세잔 아틀리에를 뒤로 하고 다시 미라보 거리를 향해 터벅터벅 발길을 돌렸다. 나는 두 발로 걸으며 외로운 인간의 삶에서 예수만이 진정한 구원자라는 걸 다시금 깨닫고 세잔의 삶을 조금이나마 기리기 위해 묵상에 잠긴다.

Saint-Rémy-de-Provence

고흐의 그림 속 도시
생 레미 드 프로방스

창문을 통해 올리브 나무 밭을 바라보고 있자니
고흐의 억누를 수 없는 고통과 좌절이
나에게도 온전히 느껴졌다.

유럽,
작은 마을
여행기

고흐 그림의 산책로

오늘은 반 고흐의 제2의 고향인 남부 프로방스 도시 생 레미 드 프로방스 Saint-Rémy-de-Provence로 여행을 떠나 보려 한다. 생 레미 드 프로방스로 들어가는 수 킬로미터의 가로수 길은 반 고흐의 그림 '도로 보수하는 사람들' The Road Menders에 나오는 바로 그 길이다. 양쪽으로 빼곡히 들어선 두 아름드리만 한 가로수들이 실한 하얀 속살들을 드러내며 자태를 뽐내고 있었다. 그 사이로 차를 몰고 들어가니 파란 하늘 대신 겹겹이 싸인 초록빛 지붕이 우리의 방문을 반긴다.

생 레미의 시내 여행자 안내센터 앞에 차를 주차하고 여기서부터 시작되는 고흐의 그림 산책로를 따라가 보기로 했다. 20여 개 지점을 통과하는 데 1시간 넘게 걸리는 안내코스를 20여 분 가다 보니 나는 조금 지루해져서 연신 하품을 해댔다. 그랬더니 옆에서 고흐 그림을 떠올리며 한껏 정취에 젖어 있던 아내의 눈 꼬리가 점점 올라간다.

지루한 산책로를 벗어나 아기자기한 시내 거리로 들어서자 수십 년 된 수공 초콜릿 가게, 어여쁜 기념품 가게와 갤러리 그리고 자그마한 미술관들이 눈앞에 펼쳐진다. 생 레미는 의사요 신비주의 철학자이자 예언가였던 노스트라다무스Nostradamus가 태어난 곳으로 그의 생가가 남아 있다. 또한 모나코의 캐롤라인 공주가 정말로 사랑했다는 둘째 남편과 급작스럽게 사별한 후에 어린 딸들과 재충전을 하기 위해 이곳에서 몇 년간 머물렀다고 한다. 중세의 타원형 샘터 분수, 때마다 고흐 전을 하는 미술관 앞 자그마한 광장 등 골목마다 오래된 역사의 체취를 느낄 수 있었다.

프로방스 전통 레스토랑

돈 안 드는 멋진 아이 쇼핑을 한 우리는 갤러리에서 만난 생 레미의 토박이 청년이 알려준 프로방스 전통 레스토랑에서 저녁을 먹기로 했다. 미슐랭 가이드에서도 높은 평가를 받은 레스토랑이라 그런지 손님을 대하는 여주인의 서비스 매너가 아주 기품 있었다. 전채 요리, 생선메인 디시, 디저트 그리고 창 밖으로 고양이 인형이 보이는 화장실까지 모두 환상적이었다.

옆 테이블에 영국인 노부부가 여행을 와서 식사를 하고 있었는데, 어느새 친해져서 즐거운 담소를 나누었다. 내가 치즈보다 중독성이 더 강한 김치에 대해 이야기해 주었더니, 그 영국인 부인은 벌써 김치의 매혹적인 중독에 대해 알고 있었다. 우리나라의 김치가 벌써 유럽에도 널리 알려져 있

유럽,
작은 마을
여행기

다고 생각하니 마음이 뿌듯했다.

　잡지에서 본 주방장 셰프 프랑수아 페로$^{Francois\ Perraud}$가 직접 나와 오늘의 생선은 아주 싱싱하고 품질 좋은 것이었다며 너스레를 떨었다. 여기 레스토랑만 해도 일본인 청년 두 사람이 와서 이미 요리를 전수받고 있다고 한다. 일본에서 식도락가들이 단체로 가끔 이 식당에 들른다고 하니, 정말 유명한 레스토랑을 방문했다는 실감이 난다.

생 폴 드 마졸레 수도원

　반 고흐는 아를에서 고갱과 다툰 후에 자신의 한쪽 귀를 잘라낸다. 그 후에 생 레미로 옮겨져 입원하며 12세기의 생 폴 드 마졸레 수도원$^{Monastery\ Saint-Paul\ de\ Mausole}$에서 지내게 된다. 우리는 그곳을 향해 10여 분 차를 몰고 갔다.

　수도원으로 들어가는 초입부터 고흐 그림들의 배경이 되는 오래된 올리브 나무들과 로마네스크 예배당을 보니 가슴이 마구 뛰었다. 예배당 앞 고흐의 동상 앞에서 사진을 한 장 찍고 수도원으로 들어섰다. 아름다운 로마네스크 양식의 아치와 원주의 회랑으로 둘러싸인 아늑한 파티오 정원이 보인다.

　고흐는 입원 초기에 생 폴 수도원의 나뭇잎 사이에 수많은 화려한 꽃들을 넣어 생기 넘치는 정원을 그렸는데, 너무 만족스러워서 평소에 잘 하지 않던 사인까지 이 그림에 넣었다고 한다.

고통으로 점철된 고흐의 삶

수도원 안의 갤러리 숍을 지나 2층에 있는 고흐가 입원했던 방에 들어가 앉아 본다. 차창 너머로 넓은 평원이 내려다보이고 올리브 나무들이 줄지어 서 있다. 이 자그마한 방에서 1889년부터 1890년까지 1년간 보금자리를 튼 반 고흐는 걸작에 속하는 여러 작품들을 탄생시켰다. '사이프러스 나무가 있는 밀밭'Wheat Field with Cypresses, '아이리스'the irises뿐 아니라 고갱과 함께 갔던 몽펠리에의 들라크루아 전을 보고 모방하여 그린 '착한 사마리아인'과 '피에타' 등 200여 점의 페인팅과 수많은 드로잉을 쏟아냈던 것이다.

파리 근교의 작은 마을 오베르 쉬르 오와즈Auvers-sur-Oise에 사는 닥터 가셰Dr. Gachet에게 치료를 받으러 떠나기 전에 그린 '아이리스'의 배경과 '착한 사마리아인'의 황금색 옷은 절실한 희망과 구원을 애원하는 듯 보인다.

반 고흐는 오베르 쉬르 오와즈에서 1890년 5월 37세로 자살하기 전까지 3개월 동안 77점의 작품을 남겼다. 마지막에 그린 '까마귀가 있는 밀밭'Crows in the Wheatfields은 그의 불운한 생의 마감을 예언하는 듯하다. 그만큼 반

유럽,
작은 마을
여행기

고흐는 마지막까지 그림 그리기에 몰두하여 정점을 달렸으며 그의 삶의 고통 또한 정점을 달렸던 것 같다. 고흐는 오베르의 하숙집 라부Ravoux에서 가슴에 총상을 입고 이틀간 앓다가 그 소식을 듣고 달려온 동생 테오에게 다음과 같은 마지막 말을 남기고 숨을 거둔다.

"고통은 영원하다."
La tristesse durera toujours.

고흐가 죽고 6개월 뒤 사랑하는 동생 테오도 오베르에 묻힌 고흐의 무덤 옆에 나란히 묻힌다.

고흐의 초라한 방에서 창문을 통해 올리브 나무 밭을 바라보고 있자니 고흐의 억누를 수 없는 고통과 좌절이 나에게도 온전히 느껴졌다. 속삭이듯 말을 거는 고흐의 목소리가 바람을 타고 내 귓가에 들려오는 것 같았다.

고대 로마 도시
글라늄

생 레미 드 프로방스에는 고대 로마 도시인 글라늄 유적지Les Antiques Glanum가 있다. 1922년에 글라늄의 지하에서 고대 로마 유적지가 발견되면서 생 레미 드 프로방스가 더 유명해졌다고 한다.

글라늄 고고학박물관의 전시장을 잠시 들렀다가 유적지로 나서니 생 레미 산 기슭에 예술작품 같은 글라늄의 아름다운 자태가 그 모습을 드러냈다. 자그마한 기슭에 아기자기하게 배열된 주택가, 공동목욕탕, 허큘리스 신 등의 사원들, 로마 시대 개선문 아치, 널찍한 광장 들을 볼 수 있었는데, 마치 로마 시대로 거슬러 올라가 시간 여행을 하는 것 같은 착각이 들었다.

유적지 가운데 기원전 6세기부터 리구리아인의 성소로 병을 치유했다는 신성한 샘물이 아직도 마르지 않고 흐르고 있었다. 우리 가족은 신기해하며 그 샘물을 사진기에 담았다. 그리고 글라늄 유적지 전체가 내려다보이는 언덕 위 풀밭에 누워 기원전부터 그리스와 로마로 이어지는 번영 시대의 아늑한 도시가 주는 평온함을 맛보았다. 고흐도 내가 느끼는 평온함을 조금이나마 느낄 수 있었을까? 짧은 시간 동안만이라도 그가 온전한 평온을 누렸기를 기도해 본다.

Les Baux-de-Provence

프랑스 남부의 숨겨진 보물
레 보 드 프로방스

나는 성채 꼭대기 망루에 서서
한 마리 독수리가 되어 힘차게 날아 보는
상상에 빠졌다.

유럽,
작은 마을
여행기

중세 성채의 도시

오늘은 프랑스 관광지 가운데 좀 생소하게 들리는 남부 프로방스의 성채 중세 마을 레 보 드 프로방스Les Baux-de-Provence로 가보기로 한다.

엑상프로방스의 인상파 화가 세잔의 집에서 만난 독일인 부부가 추천한 곳이니만큼 기대가 크다. 그 부부는 큼직한 개와 십대 아들을 데리고 여행을 왔는데, 우리 역시 여행 마니아이자 강아지 마니아였기에 이야기가 쉽게 통했다. 그들 부부의 커다랗고 까만 개를 한참 동안 주물럭거리면서 집에 두고 온 강아지 마지가 그리워 어쩔 줄을 몰랐다.

한참을 여행과 강아지에 대해 수다를 떨다가 독일인 부부에게 이번 여행 중에 어디가 제일 좋았냐고 물어 보았다. 그러자 주근깨투성이인 십대 아들이 망설임 없이 레 보 드 프로방스라고 대답해 주었다. 독일인 부부도 아들의 추천에 힘을 실어 주듯 고개를 끄덕였다.

고흐가 정신병원에서 살았던 생 레미 드 프로방스에서 아를로 가는 길에 레 보 드 프로방스가 자리 잡고 있다. 십여 분을 차로 올라가자 양쪽 찻

길에 승용차들이 빽빽이 줄지어 서 있었다. 나중에 알고 보니 이 중세 마을이 몽생미셸Mont-Saint-Michel 다음으로 프랑스에서 여행객들이 가장 많이 찾는 곳이란다. 마을에 상주하는 인구는 500명이지만 매년 방문하는 여행객은 150만 명으로 항상 외지인들로 넘쳐난다고 한다. 지금은 오후 4시 끝물이라서 바로 마을 입구에 있는 주차장에 차를 세울 수 있어 다행이었다. 아침에 왔다면 오전 9시 전에는 도착해야 마을 어귀 주차장에 차를 세울 수 있다고 한다. 우리 가족은 우연찮은 타이밍 덕분에 여유로운 마음으로 편안히 마을로 들어설 수 있었다.

보 가의
전성기가 녹아 있는 성채

마을 어귀를 따라 자갈로 잘 포장된 중세 미로를 따라 굽이굽이 올라간다. 아내가 너무 좋아하는 에즈Eze나 생 폴 드 방스St. Paul de Vence처럼 예쁜 프로방스풍 상점가와 갤러리, 카페와 레스토랑, 아기자기한 중세 주택가, 앙증맞고 고풍스러운 분수로 가득하다. 중세 마을 아래로 내려다보이는 올리브 밭 그리고 저 멀리 보이는 프로방스의 울퉁불퉁한 알피유 바위 산세가 시원스럽게 뻗어 있다.

마을 끝에 다다르니 드디어 보 성채Chateau des Baux로 올라가는 입구가 보인다. 요금을 내고 박물관 안을 통과하여 밖으로 올라가니 확 트인 넓은 고지대 너머로 독수리 둥지처럼 똬리를 튼 보 요새가 나타났다.

아래에서 보던 것과는 다르게 확 트인 고지대 전망이다. 우리 아들들은 아름다운 풍광에 탄성을 지른다. 저 멀리 남쪽 앞으로는 아를과 아름다운 해변 습지대인 카마르그Camargue가 보이고, 북쪽으로는 프로방스의 산들이 병풍처럼 둘러싸고 있었다. 아래로는 올리브 밭들이 프로방스의 평원을 초록색으로 수놓았다. 그 아름다운 절경들을 뒤로 하고 고지대 한가운데 덩그러니 놓여 있는 거대한 중세 투석기를 지나 폐허가 된 성채로 올라가 보았다.

스치는 폐허의 공간마다 다시 살아 숨 쉬는 소리들이 들린다. 좁은 돌계단을 오르는 발자국 소리, 주방 한가운데서 음식 만드는 소리, 식탁 밑에서 강아지가 음식을 핥아먹는 소리, 암석을 판 비둘기장에서 연락병 비둘기들이 힘차게 나는 소리, 중세 병원에서 환자를 돌보는 수녀들의 기도 소리가 들리는 듯했다. 의대생인 큰아들도 이곳이 병원 폐허지라는 생각에 남다른 느낌이 드나 보다. 나와 아들은 엄숙한 마음으로 병원 폐허지에서 기념 사진을 찍었다.

성주가 만찬을 베푼 연회장에 다다르자 중세 시대 귀족들의 즐거운 웃음소리가 들리고, 어느새 나는 10세기 남부 프로방스의 무소불위의 절대 권력자인 보Baux 가의 최고 영주가 되는 황홀한 상상에 빠졌다. 그러나 이러한 상상도 잠시 갑자기 희뿌연 화염이 매캐한 냄새를 내뿜고, 날아오는 돌들로 인해 패인 자국들에서 백성들의 비명소리가 들려온다.

우리 아들들은 성채로부터 뿜어져 나오는 알 수 없는 기운을 도무지 주체할 수 없는 모양인지 성채의 지하에서부터 망루 꼭대기까지 몇 번이고 고삐 풀린 망아지처럼 뛰어다니면서 성채 구석구석에 배어 있는 중세 시대 사람들의 삶을 샅샅이 탐색하고 있었다.

나도 숨을 가파르게 몰아쉬며 좁다란 계단을 따라 성채 꼭대기로 올라가 보았다. 그리고 더 이상 발을 디딜 수 없는 망루 맨 끝에 서서 한 마리의 독수리가 되어 세상의 한 끝에서 눈을 감고 힘차게 날아보는 상상에 빠져 본다. 기가 막힌 절경 앞에서 아무런 수식어구도 떠오르지 않는다. 여기서 망부석이 되어 몇 시간이고 서 있고 싶은 마음이 들었다.

위에서 성채 전체를 내려다보니 9~10세기부터 500년간 통치한 보 가문의 영욕이 눈앞에 펼쳐지는 듯하다. 그 후 프랑스 왕권 지배 하에서 개신교의 중심지가 되었다가 개혁에 실패하고, 1632년 리슐리외 추기경 Cardinal Richelieu의 명령에 의해 보 성채는 완전히 초토화되고 만다.

'보'는 프로방스 말로 '뾰죽이 솟은 바위', '깎아지른 절벽'이라는 뜻이다. 245미터의 높이지만 기기묘묘한 바위산으로 형성된 성채에서 보 가문은 하늘의 신처럼 주변의 온 땅을 다스렸다. 이러한 보의 기암 바위와 절묘한 절벽에서 영감을 얻은 단테Dante Alighieri는 1300년 초에 『신곡』에서 지옥과 연옥편의 생생한 묘사를 할 수 있었다고 한다. 그리고 뒤이어 이곳의 매력에 푹 빠진 19세기의 시인과 화가들에 의해 이 고립된 유령 같은 중세 마을이 되살아나기 시작했고, 무서운 흡인력으로 지금도 온 세계의 사람들을 끌어들이고 있다.

나는 보 성채의 높디높은 사라센Saracen 망루 끝에서 감미로운 바람을 맞으며 손만 뻗으면 맞닿을 것 같은 하늘을 향해 물었다. '신이시여, 도대체 나는 누구입니까? 그리고 나는 하나님 아버지에게 어떤 존재입니까?' 그리고 하나님 아버지의 무한한 사랑을 성채 망루 끝자락에서 넘치도록 느껴 보았다.

나는 어느새 목이 터져라 "주여, 주여, 주님만이 홀로 영광을 받으시옵소서"라고 외치며 두 손을 활짝 펴고 기쁨과 슬픔의 눈물로 뒤범벅되어 기도하고 있었다. 나는 이번 여행에서도 어김없이 주님이 보여 주신 세상의 끝자락을 보았다.

Arles

고흐가 사랑한 도시
아를

프랑스의 도시임에도
고대 로마 유적이 많은 아를.
이 도시를 둘러보다 보면 마치 로마에 와 있는
착각을 불러일으킨다.

유럽,
작은 마을
여행기

고흐의
예술혼이 불타다

자그마한 아를^{Arles} 시의 외곽을 감싸는 론 강을 달리다가 잠시 피곤함을 달래려고 차를 세웠다. 강으로부터 불어오는 부드러운 바람이 피곤에 절은 우리 얼굴을 어루만져 주었다. 그때 고흐의 '론 강의 별밤'^{Starry Night Over the Rhone}이 그려져 있는 팻말이 눈에 들어왔다. 깊은 밤 이곳을 다시 들러 산책하면서 고흐의 별이 빛나는 밤을 만끽하는 것도 꽤나 낭만적이겠다는 상상을 해본다.

고흐의 '성경 있는 정물'은 화가로서의 수업을 더 쌓기 위해 파리로 가기 전에 네덜란드에서 그린 그림이다. 성경과 에밀 졸라의 『삶의 기쁨』, 이 두 개의 책이 나란히 그려져 있는데, 성경은 아버지를 의미한다는 이야기가 있다. 신앙심이 깊었던 고흐의 아버지는 고흐가 신을 부정하는 에밀 졸라와 어울리는 것을 탐탁하게 여기지 않았고, 그런 아버지가 돌아가시자 고뇌와 번민에 휩싸인 고흐는 이 그림을 그렸다고 한다.

펼쳐진 성경은 구약 이사야 53장으로 고난받는 예수를 예언한 장이고, 신을 부정한 에밀 졸라의 소설 『삶의 기쁨』의 주인공 폴링은 남을 위해 평생 헌신하는 자비의 천사와 같은 인물이다. 신의 존재와 인간의 가치를 대비하듯이 그린 고흐는 꺼진 촛불을 통해 아버지의 죽음을 그려냈고, 아버지의 신앙과의 영원한 이별을 나타냈다. 이 그림을 그린 후 고흐는 파리로 가서 예술가의 혼을 불사르기 시작한다.

　점차 파리에 염증을 느낀 고흐는 1888년 아를로 와서 봄에 생동하는 프로방스의 공기와 햇빛을 누리며 그의 예술의 전성기를 맞게 된다. 오크르 황토 빛의 집으로 겹겹이 싸여 있는 아를에 15개월간 머물면서 '밤의 카페 테라스', '해바라기', '황혼의 밀밭' 등 300여 점의 걸작품들을 쏟아내기 시작한 것이다. 그리고 헌신적인 동생 테오와 계속해서 편지로 대화하는 것도 잊지 않았다. 파리에서 각별하게 지낸 고갱과 10월부터 2개월간을 함께 보낸 고흐는 아를 근교의 공동묘지인 레 잘리캉 Les Ayscamps 을 같이 그리기도 했다.

미로 같은 아를 거리

　아를의 거리는 차가 다니기 불편할 정도로 좁고 미로처럼 얽혀 있다. 하지만 중세 시대 분위기의 골목들이 얼마나 잘 보존되어 있는지 차를 버리기만 하면 두 다리로 이 복잡한 미로를 통해 거의 모든 관광지를 다 둘러볼 수 있다. 프랑스의 도시임에도 불구하고 고대 로마 유적이 꽤나 많은 아를. 그래서 이 도시를 둘러보다 보면 마치 로마에 와 있는 착각을 불러일으키기도 한다.

원형경기장, 고대 극장, 중세 로마네스크식 성당과 광장 들을 골목골목 다니다 보니 여행객들이 즐겨 찾는 노란색으로 칠한 고흐의 노천카페가 나타난다. 차양부터 의자까지 온통 노란색 천지다. 이곳에 앉아 커피 한 잔을 하다 보면 고흐의 해바라기 속에 들어앉은 기분이 들 것만 같다.

우리는 고흐가 입원한 정신요양원이자 지금은 문화센터로 변한 레스파스 반 고흐 L'Espace Van Gogh로 발길을 옮겼다. 고흐가 그림을 그렸다는 정원 한쪽에 앉아 휴식의 시간을 가지면서 아를의 미로 탐색으로 지친 두 다리를 어루만졌다.

고흐는 20대 후반부터 시작한 10년간의 화가 생활에서 무려 2천 점 이상의 작품을 쏟아낸다. 동생 테오와 700통에 가까운 편지를 주고받으면서 말이다. 이 어마어마한 작품들 중에 걸작이라 일컬어지는 것들은 대부분 아를과 생 레미 드 프로방스 그리고 오베르에서 보낸 기간에 그린 그림들이다. 그래서 나는 이곳 아를을 꼭 다시 찾고 싶었다. 그리고 오늘 이렇게 여기에 서서 다시금 고흐의 열정과 고뇌를 새롭게 느껴 본다.

신이 만든 천혜의 삼각주
카마르그

사파리 차가 더 깊은 늪지대로 들어가니
분홍빛 플라밍고 무리가 보이고,
거대한 늪지 한가운데에 다양한 물새들이
서식하고 있었다.

유럽,
작은 마을
여행기

모기 떼의 환영

오늘은 내가 꼭 가고 싶어 했던 프로방스 남부의 습지대 카마르그로 떠나보려 한다. 아를에서 남쪽으로 20여 분 정도 차로 달리면 론 강이 갈라지는 두 하류와 지중해가 만드는 거대한 삼각주 늪인 카마르그가 나온다. 길가에 여행자를 위한 카마르그 안내판이 보였다.

잠시 정보를 얻으려고 차에서 내려 안내판으로 다가가는데 갑자기 늪지대 덤불 속에서 엄청난 모기떼가 나타나 나의 팔 다리와 얼굴을 습격했다. 나는 자학하듯 온몸을 두들기고 흔들며 발버둥을 쳤다. 간신히 차에 올라탄 나는 황급히 차문을 닫고 달리기 시작했다. 공포 영화에서나 만날 것 같은 카마르그 모기들의 환영 세리모니에 반쯤 넋이 나갔다. 단단히 혼쭐이 난 나는 카마르그의 심장인 지중해 바닷가 순례자의 도시, 생트 마리 드 라 메르 Saintes-Maries-de-la-Mer로 향했다.

카마르그 해변

아를에서 머물던 고흐가 카마르그로 내려왔을 때 카마르그 해변과 하늘 그리고 바다 사이를 오가는 배들을 그린 적이 있다. 그 그림을 떠올리며 그토록 동경했던 카마르그의 지중해 바다부터 보려고 마을 바로 코앞에 있는 해변까지 차를 몰고 갔다. 해변 한쪽에 마련되어 있는 주차장에 차를 세우고 해변으로 가니 저 멀리 요트 정박소가 보인다. 카마르그 해변에 홀로 우두커니 서 있는 커다란 나무 십자가가 우리를 조용히 맞아주었다.

십자가 바로 뒤에는 투우가 열리는 아레나 Arena 경기장이 있다. 투우 시즌이 끝난 때라 아레나는 텅 비어 황량하기만 했다. 아를과 생트 마리 드 라 메르에서 열리는 프랑스 스타일의 투우는 소를 죽이지 않고 검은 소의 양 뿔 사이에 있는 꽃 장식을 먼저 집어내기만 하면 경기가 끝난다고 한다. 다음번에는 프랑스식의 투우를 꼭 보고 말리라.

세 마리아를 기리는 집시 페스티벌

생트 마리 드 라 메르는 '바다의 세 마리아' Three Marys of the Sea라는 의미를 담고 있는데, 프로방스 전설에 등장하는 세

명의 마리아 때문에 붙여진 이름이다. 전설에 따르면 서기 40년경 막달라 마리아, 살로메 마리아, 야고보의 어머니 마리아 등 세 명의 마리아가 이집트인 하녀 사라와 함께 표류하여 이곳까지 왔다고 한다.

이를 기념하는 교회인 노트르담 드 라 메르 교회를 중심으로 마을이 형성되었고, 매년 5월이면 마리아와 사라 성녀를 기리기 위해 유럽 전역에서 로마^{Roma}라고 불리는 집시들이 모여 페스티벌을 벌인다. 사라는 검은 피부의 이집트인이었는데, 집시들에게 친근한 성인으로 느껴져 더 숭배를 받는 것 같다.

매년 열리는 이 페스티벌에 세계적 플라멩코 집시 기타리스트인 마니타스 드 플라타$^{Manitas\ de\ Plata}$도 참여한다고 한다. 은구슬 굴러가는 듯한 그의 감미로운 기타 연주는 피카소, 장 콕토, 달리와 같은 명장들을 매혹시킬 정도였다고 하니, 그 솜씨가 가히 천재적이라 할 만하다.

카마르그산 조개 요리

마침 요새처럼 생긴 교회 꼭대기의 여러 개의 종탑들에서 종소리가 울려 퍼졌다. 경건하고 맑은 종소리를 들으니 나의 찌든 영혼이 물세례를 받은 듯이 깨끗해짐을 느꼈다. 다양하게 진동하는 리듬과 끊기듯 이어지는 타종 음색이 광장 안에서 파도치다가 나의 가슴과 귓

속으로 소용돌이쳐 들어온다.

　종소리에 한껏 취한 우리는 어느새 마니타스 드 플라타의 연주곡 '포르 엘 카미노 드 론다'Por el camino de Ronda에 맞추어 플라멩코를 추듯이 교회 뒷골목의 갤러리와 기념품 가게들을 돌아다녔다. 골목을 맴돌다가 우연히 들어선 시청 안 커다란 로비에서는 이 마을 유지들의 사모님들과 아마추어 예술가들의 바자 전시회가 열리고 있었다.

　카마르그산 조개들로 장식한 앙증맞은 거울이 너무 마음에 들어 가격을 흥정해 본다. 마침 제작자의 남편 되는 사람이 옆에 있었는데 걸어서 5분 거리인 카마르그 해변에서 프로방스 레스토랑을 경영한다고 한다. 우리는 더 이상 망설일 것도 없이 거울 제작자인 부인도 만날 겸 그 레스토랑으로 점심을 먹으러 갔다.

　연락을 미리 받은 듯 여주인이 우리를 반갑게 맞아 주었다. 식당은 스페인 식구들이 경영하는 중급 정도의 레스토랑으로 손님들이 제법 많았다. 해변이 보이는 노천 테라스에 앉아 카마르그 갯벌에서 자라는 조개인 텔리나Tellinas로 만든 텔리나 아 라이올리Tellinas A L'Aioli와 조개류 모듬회프로방스에서는 껍데기가 있는 해산물만 회로 판다를 시켰다. 허브, 양파, 백포도주 등이 들어간 하얀 라이올리 소스로 양념된 텔리나의 속살 맛은 아이스크림보다도 더 부드러웠다.

사파리와 승마 투어

카마르그 여행의 백미는 사륜구동 지프차로 하는 사파리 투어와 카마르그 백마로 하는 승마 투어이다. 승마는 배운 적이 없어 일찌감치 포기하고 사파리 투어를 하기로 결정했다. 우리는 아레나 경기장과 인포메이션 센터가 있는 고흐 거리에서 사륜구동 지프차에 몸을 실었다. 손님은 우리 가족과 마르세유에서 온 프랑스 부부가 전부였다.

출발하자마자 큰 광장 가운데 카마르그 검은 소를 모는 이 지역 소몰이

꾼 카우보이인 가르디앙gardians의 힘찬 조각상이 나타났다. 좀 더 달리니 이 지방의 또 하나의 상징인 카마르그 십자가 조각이 거리 한가운데에 우뚝 서 있다. 카마르그 십자가는 십자가, 하트, 닻의 세 가지 형태로 되어 있는데, 십자가 끝은 가르디앙이 사용하는 삼지창 모양을 하고 있었다. 가이드의 설명에 따르면, 십자가는 믿음, 하트는 자비, 닻은 이곳 어부들의 굳건한 희망을 상징한다고 한다.

사륜구동 지프차라 비포장 갯벌 길도 별다른 어려움 없이 달린다. 갯벌을 헤치고 들어가니 늪지대를 배경으로 이 지방 전통가옥인 하얀 초가집이 나온다. 주로 카마르그 카우보이인 가르디앙들이 살지만 일반 주민들도 산다고 한다. 늪지대 바로 옆에는 예쁜 집들이 드문드문 고개를 내밀고 있다.

좀 더 차를 몰고 가니 카마르그의 검은 소들이 무리를 지어 초원에서 한가로이 풀을 뜯고 있다. 카마르그 목장인 마나드manade가 나타나자 비교적 넓은 울타리 안에서 방목되어 있는 카마르그 백마들이 보인다. 어릴 적에는 흑갈색이나 갈색이었다가 어른이 되면 흰색으로 변한다는데, 전문가들은 회색 점이 있는 것을 보고 엄격히 말해서 카마르그 말은 백마가 아니라 회색 말에 속한다고 주장하기도 한다.

목장 울타리에 차를 바짝 붙이고 말에게 손을 내밀어 먹이를 주니 놀랍게도 부드러운 혀를 놀려 먹이를 입에 쏙 넣는다. 신비스럽고 멋진 카마르그 백마와 손바닥으로 황송스런 키스를 한 우리는 놀라움에 입을 다물지

못했다. 한 번도 가까이한 적이 없는 생명체와 처음으로 조우하는 그 순간이 짜릿하면서도 벅찬 감동으로 다가왔다.

사파리 차가 더 깊은 늪지대로 들어가니 한쪽으로 분홍빛 플라밍고 무리가 보이고, 카마르그 거대한 늪지 한가운데에는 다양한 물새들이 서식하고 있었다. 마르세유 토박이인 프랑스 부부는 카마르그는 두 번째 방문이라고 하면서 이곳에서 서식하는 400여 종의 동물들 중 새 종류만 뽑아 프린트해 온 것을 우리에게 보여 주었다. 그들은 가이드가 다니면서 설명해 주는 실제 새를 열심히 관찰하면서 프린트 자료를 번갈아 보았다. 백로인 왜가리와 해오라기, 도요새, 마도요, 흑꼬리 도요, 쇠물닭, 검둥오리, 장다리물떼새, 뒷부리장다리물떼새, 검은머리물떼새 등 빼곡히 적혀 있는 프린트물 덕분에 볼거리가 더 풍성했던 사파리였다.

이렇게 카마르그의 사륜구동 지프차로 하는 사파리를 마치면서 문득 몇 년 전 플로리다의 남단 에버글레이즈 국립공원Everglades National Park에서 에어보트로 했던 사파리가 떠올랐다. 같은 거대한 늪지대이면서도 이렇게 서식하는 동물과 식물이 확연하게 다를 수 있는지 신기하기만 했다. 역시 하나님의 깊고 오묘한 창조의 세계는 알면 알수록 신비롭다.

유럽,
작은 마을
여행기

에탕 드 바카레

카마르그 지역의 습지 염분 호수를 에탕etang이라고 하는데 그중에서 에탕 드 바카레Etang de Vaccares가 제일 크다. 차를 몰고 에탕 호숫가로 나가니 발목 위까지 빠지는 갯벌 위에서 말을 탄 관광객들이 가이드를 따라 일렬로 바닷가 산책을 하고 있었다. 어제 사파리를 함께했던 프랑스 부부가 초보자라도 30분 정도만 배우면 해변을 천천히 돌며 한두 시간 정도 산책을 즐길 수 있다고 승마 투어를 적극 추천했다.

사륜구동 지프도, 튼튼한 이 두 다리로도 갈 수 없는 카마르그 갯벌 해변의 산책을 카마르그 검은 말과 함께 즐길 수 있다면 얼마나 좋겠는가. 말의 부드러운 숨소리를 느끼며 질척한 갯벌을 유연하게 빠져 나오는 우아한 말발굽 소리에 염분 호수 에탕의 파도 소리까지 곁들어진 승마 투어는 생각만 해도 황홀하다.

하지만 승마 투어 예약은 이미 끝난 상태였고, 우리는 다음 여행 일정상 카마르그를 떠나야 하니 아쉬운 마음을 접을 수밖에 없었다. 그래도 괜찮다. 지프차로 한 사파리 여행만으로도 카마르그의 원시적인 아름다움과 정취를 흠뻑 느낄 수 있었기에….

절대 자연 보호구역

덤불을 지나자 프티 론^{Petit Rhône} 강이 보이고 강 사이에 설치된 줄을 당기며 빨간색 페리로 건너는 조그만 선착장이 나온다. 강의 폭이 매우 좁은데도 다리 대신 배로 자동차와 가축들을 함께 실어 나른다. 선착장 구경만 하고 다시 돌아가던 우리는 프랑스 경찰이 순찰차 대신 말을 타고 순찰하는 모습을 우연히 보았다. 이곳은 절대 자연 보호구역이라 이렇게 친환경적으로 순찰을 한다고 한다. 카마르그를 자전거로 트레일하는 여행자들을 만났을 때는 마치 내가 자전거 여행자라도 되는 듯 반가워하며 연신 손을 흔들어 주었다. 그들도 나의 인사에 기운을 얻은 듯 양팔을 위로 올리며 따뜻한 답례를 한다.

Marseille

아름다운 항구 도시
마르세유

도심 중간에 위치한 길쭉한 모양의 구 항구.
하늘과 바다가 맞닿아 있는 항구의 모습은
시원하고 활기가 넘쳤다.

유럽,
작은 마을
여행기

하늘과 맞닿은 구 항구

파리에서 남쪽으로 약 800킬로미터 떨어진 지중해 연안의 항구도시인 마르세유^{Marseille}. 마르세유는 프랑스에서 파리, 리용 다음으로 세 번째로 큰 도시이다. 1970년대까지는 영화 〈프렌치 커넥션〉에서처럼 마약 밀매와 마피아로 유명했지만 지금은 다국적 인종의 인간미 넘치는 친절한 도시로 변모하고 있다.

교통 체증이 심한 마르세유 외곽 해안 도로를 따라 내려가다 보니 화려한 은회색 대리석으로 만들어진 둥근 돔의 마조르 성당^{Cathedral de la Major}이 보인다. 기다랗게 이어진 차들의 행렬을 따라가자 도심 중간에 위치한 길쭉한 디근자 모양의 구 항구^{Vieux Por}가 드디어 나타났다. 하늘과 바다가 맞닿아 있는 항구의 모습은 시원하고 활기가 넘쳤다. 아름다운 집들과 하얀 요트들이 절묘하게 어우러져 항구의 풍경을 더 멋스럽게 만들고 있었다.

우리는 구 항구 뒤쪽의 번화가인 벨장스^{Belsence}를 중심으로 수직으로 만나는 칸비에르 거리^{Rue de la Canebiere}와 벨장스 대로를 차로 한 바퀴 둘러 보았다.

한창 지하철 공사 중이라 거리가 번잡스럽다. 백인보다는 아랍인, 흑인 등 다양한 인종들이 더 눈에 띈다. 그중 북아프리카 아랍인들이 마르세유 인구의 25%를 차지하고 있으며, 이곳의 유대인들은 유럽에서 가장 큰 유대인 공동체를 형성하고 있다고 한다.

노트르담 드 라 가르드 대성당

저 멀리 언덕 위로 노트르담 드 라 가르드 대성당 Notre-Dame de la Garde이 눈에 들어왔다. 대성당까지 가는 표지판이 잘 되어 있어 어렵지 않게 길을 찾아 올라가며 틈틈이 시내 구경도 했다. 관광미니열차를 타고 대성당까지 올라갈 수도 있다고 하니, 다음에 또 온다면 미니열차를 타보는 것도 재미있는 경험이 될 것 같다.

드디어 노트르담 드 라 가르드 대성당 앞에 도착했다. 성당 맨 위에 서 있는 찬란하게 빛나는 금빛 성모상이 가장 먼저 눈에 들어왔다. 성당에서 내려다보는 마르세유는 정말 장관이었다. 특히 대성당을 붉게 물들이는 석양은 온 도시를 흥분의 도가니로 몰아넣었다가 금세 검은 이불로 뒤덮기 시작했다.

저녁 무렵에 불어오는 미풍은 평화롭기 그지없었다. 큰아들은 아름다운 풍광에 잔뜩 흥분되어 멋진 배경을 찾아 가족 사진을 찍겠다고 높은 계

단을 쉴 새 없이 오르내렸다. 서서히 지는 석양을 한 시간 정도 즐긴 우리는 성당 안을 본격적으로 감상하기 위해 안으로 들어갔다.

성당 안의 둥근 돔과 아치 기둥들에는 스페인 코르도바의 메스키타 사원에서 본 이슬람과 기독 문화 혼합의 상징인 붉은 줄무늬 문양이 그려져 있었다. 전체적으로 매우 고혹적이고 아름다운 성당이었다. 19세기에 지어진 이 성당은 로마 비잔틴 양식의 건물인데, 호화롭고 휘황찬란한 장식들이 그 당시 마르세유의 재력이 얼마나 컸는지를 짐작할 수 있게 했다.

몽테크리스토 백작의 이프 섬

마르세유에서 가장 인기 있는 곳이라 한다면 단연 이프 섬일 것이다. 언덕 위에서 내려다보니 이프 성Le Chateau d'If이 있는 이프 섬을 중심으로 몇 개의 섬들이 머리를 맞대고 있다.

알렉상드르 뒤마Alexandre Dumas의 소설『몽테크리스토 백작』에서 몽테크리스토 백작이 갇힌 감옥으로 등장하여 유명해진 이프 섬을 비롯하여 포메그 섬, 고대 그리스인의 거주지였던 라토노 섬, 그 뒤로 코딱지만 한 티불랭 섬을 합쳐서 프리울 군도Iles du Frioul라고 한다.

마르세유에서 4킬로미터 떨어져 있고 마르세유 선착장에서 배로 20분 거리에 있어서 마음 같아서는 이프 섬뿐만 아니라 라토노 섬과 방파제로 연결되어 있는 포메그 섬을 두루두루 둘러보고 싶었다. 하지만 언제나 시간이 허락하지 않는다는 게 문제다. 한때 감옥으로 쓰였던 이프 섬을 보니 미국 샌프란시스코의 알카트라즈 섬을 둘러보았던 추억이 떠오른다. 이프 섬에는 주로 신교도나 정치범 등이 수용되었고, 그 유명한 철가면도 이곳에 갇혀 있었다고 한다.

마르세유의 명물 부야베스

다시 구 항구로 내려와서 노와이으^{Noaille} 시장을 기웃거리다가 부둣가 레스토랑들이 몰려 있는 께 드 리브 뉘브$^{Quai\ de\ Rive\ Neuve}$ 산책로를 걸어 본다. 그때 아내가 마르세유 토박이인 듯 보이는 두 직장 여성에게 마르세유의 명물인 부야베스^{Bouillabaisse}를 잘하는 식당을 물었다. 두 여성은 친절하게도 가장 좋은 레스토랑이 있다면서 우리를 그 식당 앞까지 데려다 주었다.

식당 안에 들어서니 사람들로 꽉 차서 빈자리가 없어 보였다. 옆 레스토랑에는 빈자리가 많아 그리로 가서 여유롭게 식사를 하자고 했더니 아내는 들은 체 만 체다. 자기 아들들에게만큼은 꼭 이 레스토랑의 음식을 먹이겠다고 두 팔을 걷어붙인 것이다. 아내는 총괄 매니저를 끈질기게 물고 늘어져서 20분 만에 세 사람 자리를 만들어 냈다. 엄마의 힘이란 타지

France

유럽,
작은 마을
여행기

여행에서도 어김없이 발휘되는 것 같다.

부야베스는 기원전 600년경 마르세유에 정착한 그리스 페니키아인들로부터 내려온 음식이다. 어부들이 잡은 여러 고기를 넣고 걸쭉하게 끓인 생선국으로 쏨뱅이, 아귀, 돔, 붕어, 숭어, 홍합, 붕장어뿐 아니라 다양한 생선들과 조개, 게, 새우 등이 들어간다.

맛이 꼭 생선 매운탕이나 해물된장찌개와 비슷한데, 조금 더 순한 맛에 가깝다. 부야베스 수프는 세계적으로 알아주는 음식이고 마르세유의 명물이니 한 번쯤은 먹을 만하다. 부야베스를 먹으면서 나는 우리나라의 해물된장찌개나 매운탕, 지리 등도 부야베스처럼 세계인의 입맛을 사로잡을 수 있지 않을까란 생각에 빠진다. 한국의 요리사들이여, 한번 도전해 보시라.

부야베스 외에도 조갯살과 생선 요리도 시켰는데, 소스가 우리 입맛에 딱 맞았다. 고급 레스토랑이라 그런지 한 끼 식사 값 치고는 많이 나왔지만 기분 좋게 배부를 수 있어서 하나도 아깝지가 않았다.

영원한 중세 도시
카르카손

카르카손은
중세의 성들이 거의 완벽하게 복원되어
성채 밖에서나 안에서나
생생한 중세 시대의 마을을 느낄 수 있었다.

유럽,
작은 마을
여행기

매혹적인 중세의 성

예전에 남부 프로방스를 두어 번 왔었는데도 매번 가보지 못했던 곳이 랑그독 루시용Languedoc-Roussillon의 서쪽 끝자락에 위치한 카르카손Carcassonne이다. 영원한 중세 도시로 유명한 카르카손은 2004년 투르 드 프랑스Tour de France, 매년 7월 프랑스에서 열리는 프랑스 일주 사이클 대회의 출발점이었고 2006년에는 종착점이기도 했다. 그래서 자전거 마니아들에게는 아주 매혹적인 도시이다.

카르카손은 12~13세기 중세의 성이 거의 그대로 보존되고 있는 세계적인 문화 유적지이다. 그 명성 그대로 중세의 성들이 거의 완벽하게 복원되어 성채 밖에서나 안에서나 생생한 중세 시대의 마을을 느낄 수가 있다.

10여 년 전 우연히 외국 여행 잡지에서 카르카손의 애틋한 역사를 알게 된 후부터 꼭 이 도시를 방문하고 싶었는데, 드디어 그 소원을 푸는 날이 왔다. 여행의 막바지에 이르면서 아내는 기운도 달리고 많이 지쳤는지 연신 툴툴거렸다. 하지만 이번에도 카르카손을 보지 못한다면 평생 후회가 될 것 같아 간신히 아내의 마음을 다독여 차에 올랐다. 운전대를 잡자 드디어 카르카손을 볼 수 있다는 희망에 없던 힘이 불끈 솟아났다. 루시용에서 카르카손까지 세 시간 남짓 차를 몰면서 나는 콧노래까지 흥얼거렸다.

카르카손과의 감격적인 조우

카르카손도 다른 성채 마을과 같이 오드 강^{the} Aude river 어귀의 마을과 언덕 위의 성으로 나뉘어져 있다. 구시가지를 돌아보니 13세기 성당들이 눈에 보인다. 우선 성 뒷문 입구에 마련된 주차장에 차를 세우고 웅장한 성채들을 구경하기 위해 발걸음을 옮겼다. 성 입구 옆에는 성채 분위기와는 잘 어울리지 않는 19세기 회전목마가 있었다.

하지만 성 입구로 들어서니 완전히 딴 세상이 펼쳐졌다. 지쳐 보이던 아내의 얼굴에도 금세 함박웃음이 퍼진다. 성벽을 두 겹으로 쌓았는데, 그 사이로 널따란 길이 성을 둘러싸고 있었다. 성벽의 일부는 5세기경 침략한 서고트족 때부터 쌓은 거란다. 5세기의 마법에 취해 마초 고트족이 되어 성벽 맨 윗길을 따라 탁 트인 조망을 감상하며 산책을 즐겼다.

성 안으로 들어가자 중세 조약돌을 깔아 놓은 굽이굽이 좁은 미로가 우리를 13세기로 안내하는 것 같았다. 관광객들을 위해 기념품 가게, 갤러리, 카르카손 중세 음식을 파는 노천 레스토랑 등이 알차게 준비되어 있었다. 많은 볼거리, 먹을거리들이 중세의 분위기를 방해하지 않으면서 적재

적소에 박혀 있는 것이 놀라울 정도였다.

중세 음식
카슐레를 맛보다

자그마한 중앙광장 노천카페에 앉아 중세 토종 음식인 카슐레Cassoulet를 시켰다. 카슐레는 흰 강낭콩에 돼지고기, 양고기, 오리, 거위 심지어 비둘기까지 다양한 고기를 선택해서 넣고 끓여 만든 일종의 스튜이다. 낯선 동양인 가족이 주저하지 않고 음식을 주문하는 것이 신기했던지 레스토랑 여주인이 직접 와서 친절히 부연 설명을 해준다. 카슐레는 중세 시대 기사들이 전쟁 중에 바쁜 틈을 타서 투구에 각종 고기를 콩과 함께 넣고 끓여 먹은 데서 유래되었는데, 열량과 영양가가 최고라고 한다. 그리고 비둘기를 넣어 먹는 것이 오리지널이란다.

이미 마법에 걸려 중세 시대 기사가 되어 버린 나는 비둘기 고기가 들어간 오리지널 카슐레를 겁낼 이유가 없었다. 용감히 낯선 중세 음식에 도전한 우리는 뭉근하게 끓여 나온 카슐레의 미묘한 맛에 매료되었다. 스튜 맛이 우리나라 청국장처럼 야릇하고, 다른 고기와는 또 다른 맛을 가진 비둘기 고기가 감칠맛 나게 느껴졌다.

우리 가족의 호기심 어린 태도에 신이 난 여주인장은 16세기 초 카르카손 남부의 한 수도원에서 처음 만들었다는 스파클링 와인인 블랑께뜨 드

리무Blanquette de Limoux를 꺼내 왔다. 이는 17세기 후반에 D. 페리뇽이라는 수사가 샹파뉴 지방Champagne에서 만든 샴페인보다 한 세기나 앞선 것이었다. 이 샴페인은 16세기의 전통 방식을 그대로 재현하여 3월에 달이 기울 때 병에 넣어 2차 발효 숙성을 시킨 것이라고 했다.

여행을 하면서 얻게 되는 횡재가 바로 이런 것이 아닐까. 우리 가족은 이곳에서만 맛볼 수 있는 샴페인을 손에 들고 찰랑거리며 즐거워했다.

카르카손의 종소리

카술레로 미각 모험을 한 우리는 옆집 선물 가게에서 카르카손뿐 아니라 프로방스라고 적힌 라벤더 향주머니 몇 개를 샀다. 여기도 프로방스로 불리냐고 물으니 관광지상으로 프로방스가 맞다고 한다. 선물 가게 주인이 자기도 북경, 서울, 동경 패키지로 여행을 다녀온 적이 있다면서 한국에서 보낸 하룻밤에 대한 이야기를 늘어놓았다. 그 사이 아내는 가게 주인이 키우는 강아지를 지나치지 못하고 웅크리고 앉아 만지작거린다. 중세의 시간에서 멈춘 듯한 한가로운 하루를 만끽하는 이 순간이 행복하기만 하다.

여기서 잠깐, 카르카손에 얽힌 역사적인 이야기를 안 하고 넘어갈 수가 없다. 760년경에 프랑크 왕가는 난공불락의 카르카손 성만 빼고 프랑스 남부를 사라센으로부터 모두 재탈환했다. 그리고 카르카손 성을 포위하고는 성 주민들이 아사지경에 이르기를 기다리고 있었다. 그때 사라센 영주의 과부인 카르카스 부인이 기발한 묘안을 냈다. 마지막으로 남은 돼지 한 마리에게 남은 곡식을 실컷 먹여 살을 찌운 다음 실수인 양 성 밖으로 떨어뜨린 것이다.

이를 본 프랑크 왕 피핀은 돼지에게도 알곡을 먹이는 것으로 보아 이 성에는 충분한 식량이 저장되어 있을 거라고 생각한 나머지 포위 작전을 포기하고 병사들을 철수시켰다. 작전에 성공한 카르카스 부인은 온 마을의 종을 하루 종일 울리도록 하면서 승리를 만끽했다는 전설 같은 이야기가 전해내려 온다. 이리하여 이곳이 '카르카스의 종'이라는 의미의 카르카손이라는 이름이 붙여진 것이다.

조금 더 걸어가니 '성 안의 성', '요새 안의 요새'인 화려한 샤토 콩탈

유럽,
작은 마을
여행기

Chateau Comtal이 보인다. 그 옆에는 담쟁이넝쿨로 뒤덮인 최고급 성채 호텔과 랑그독 고딕 양식의 모자이크 장미 창문이 아름다운 생 나자르 성당the Basilica of Saint Nazaire이 서 있다.

중압감을 주는 최고급 호텔 로비를 지나 잘 가꾸어진 정원 너머에 있는 카페의 고풍스러운 발코니에 앉아 커피를 마시는 여유를 가져 보았다. 마치 오후에 차 한 잔을 마시는 중세 귀족이라도 된 듯 카페에서 내려다보이는 마을과 오드 강의 환상적인 전망을 나른하게 즐겼다.

카타리파 전시회

점점 중세의 마법에 빠져든 나는 마을 골목골목을 활개치며 다녔다. 그러다가 어느 골목으로 들어서니 카타리파The Cathars만 전문으로 찍는 사진작가의 전시회가 열리고 있었다.

카르카손이 있는 랑그독과 남부 프랑스와 인접한 스페인 지역을 옥시타니아Occitania라고 하는데, 11~12세기에 카타리즘이라는 종교 운동이 이 지역에서 번창하였다. 카타리파는 그리스어로 카타로스katharos, 즉 순수파라는 뜻이다. 카타리파는 그리스도교에 영지주의가 들어가면서 기존의 로마 가톨릭과 입장을 달리했는데, 매우 개혁적이었다고 한다. 성 도미니크Saint Dominic가 1203년 이 지방을 방문하면서 카타리파와 논쟁 후에 이들을

이단으로 결정하고 1216년 도미니크수도회를 결성하게 된다. 그 뒤 로마 가톨릭 교황인 이노센트 3세는 카르카손뿐 아니라 알비^Albi 등 이 근방의 마을들에서 카타리파들을 무참히 학살한다.

가뭄과 전염병이란 막강한 연합군 덕에 난공불락인 카르카손 성을 얻고 승승장구하던 시몽 드 몽포르 장군^Simon IV de Montfort은 카르카손 성을 애지중지하며 자신의 관저로 삼았기 때문에 성채는 다행히 화염에 휩싸이지 않고 보존될 수 있었다. 그 뒤로 19세기의 유명한 건축가인 비올레 르 뒤크^Viollet-le-Duc에 의해 요새 도시는 마침내 고딕 양식의 찬란함을 다시 회복하기에 이른다.

카타리파 전시회에서 나는 한 성채의 사진 앞에 멈추어 서고 말았다. 10여 년 전부터 내 마음속에 담아 두었던 몽세귀르^Montsegur 산 위의 허물어진 성채가 그 사진 속에 담겨 있었던 것이다. 마법과도 같이 사진에 이끌려 운명적인 만남을 하게 된 나는 마음속에서 뜨거운 무언가가 끓어올랐다.

나 자신이 카타리파의 후예인가 하는 착각이 들 정도로 카타리파 사진은 나에게 알 수 없는 감동으로 다가왔다. 스페인 그라나다의 아람브라 궁전에서 눈물을 흘리는 마지막 사라센 왕에게서 느껴졌던 종교적 연민, 인도 데칸 고원에서 절망적인 눈망울로 쳐다보던 20대 과부와 갓난아기에게서 느꼈던 인간적 절대 절망, 그리고 개인적인 애잔함과 슬픔이 뒤범벅이 되어 가슴이 저며 왔다.

카타리파의 순수한 청년이 은신처인 몽세귀르 성채 꼭대기에서 밤하늘을 보고 피와 같은 땀을 쏟으며 주님께 기도하는 모습이 상상된다. 나도 그를 따라 내가 그렇게도 정죄해 왔던 수많은 사람들에게 주님의 사랑의 단비가 흠뻑 내리기를 기도한다.

주님은 나에게 카르카손과 카타리파 사진 전시회를 통해 몽세귀르 성채 위에서 작은 예수님의 모습을 보여 주셨다.

Pont du Gard

로마의 위대한 유산
퐁뒤가르

하늘과 구름과 가르 강과
가르 다리의 조화로운 아름다움에 도취되어
지그시 눈을 감는다.

유럽,
작은 마을
여행기

퐁뒤가르의
웅장함에 압도되다

아침부터 프로방스에 있는 퐁뒤가르Pont du Gard라는 다리를 보러 가기 위해 서둘렀다. 퐁뒤가르는 1년에 150만 명 이상의 여행객이 꼭 들르는 아주 유명한 곳이다. "고작 다리 하나 보려고 그 많은 여행객들이 방문한다니!"라고 말한다면 그것은 모르고 하는 말이다. 몽생미셸과 함께 프랑스의 매력 있는 5대 여행지 중 하나이며 세계 유산으로 등록되어 있는 곳이기도 하다.

퐁뒤가르의 주차장은 매우 크면서도 예쁘장한 돌담으로 구획이 나누어져 있었다. 그래서인지 차를 주차하면서부터 운전으로 지친 심신이 자연스레 풀어진다. 주차장 입구에서 주차비를 포함한 입장료를 내고 다리를 보기 위해 들어갔다.

1998년 큰 홍수가 난 후에 프랑스 정부는 3,300만 달러를 들여 2000년 경 다리 근처에 새로운 박물관을 짓고, 좀 더 멀리 떨어진 곳에 주차장 개설 등 대대적인 개보수 작업을 했다고 한다. 늦게 도착한지라 박물관은 벌써 문을 닫았다. 새로 만든 박물관은 다양한 정보를 아주 재미있게 전시하고 있다는데 보지 못해 좀 아쉬웠다.

다리 쪽 통로로 고개를 돌리니 엄청난 인파가 몰려나오고 있었다. 인파 사이를 헤집고 들어가자 드디어 퐁뒤가르가 그 위용을 드러냈다. 가까이 다가갈수록 사진에서 보았던 것보다 더 웅장한 모습이었다. 10여 년 전 유럽 어느 중세 도시에서 본 수로교도 매우 높고 많은 아치를 가지고 있었는데, 지금의 퐁뒤가르에 비하면 상대가 안 되는 것 같다.

물의 도시를 위해 지어진 다리

퐁뒤가르는 길이 275미터, 높이 49미터의 수로교이다. 3단 아케이드의 높이는 아래부터 22미터, 19미터, 8미터이고 아치는 6개, 11개, 35개를 가지고 있다. 아래 다리에는 운행 도로가 설치되었고, 맨 위 다리는 폭 1.2미터, 높이 1.8미터의 수로이다.

퐁뒤가르는 기원전 19세기 경 고대 로마 시대에 님Nimes의 통치자인 마르쿠스 아그리파Marcus Agrippa가 남부 프랑스 위제스 근처의 수원지로부터 님의 물탑으로 물을 끌어 들이기 위해 만든 것 중 하나이다. 마르쿠스 아그리파는 님이라는 도시가 로마처럼 풍부한 물로 분수, 목욕탕, 스파 등을 즐길 수 있는 도시가 되기를 원했다고 한다.

풍부한 물을 모으기 위해 건설된 총연장 50킬로미터의 도수로는 500년

가량 물을 날랐다는데, 이중 중간 지점에 가르 강을 건너는 거대한 수로 다리가 풍뒤가르이다. 1998년 큰 홍수가 나서 다리 근처의 차도와 부속물들이 모두 휩쓸려갔는데도 풍뒤가르는 거의 피해가 없었다고 하니, 이 다리가 얼마나 견고한 건축물인지 잘 알 수 있다.

풍뒤가르를 제대로 감상하려면 여러 위치와 각도에서 바라보아야 한다. 가르 다리를 건너기 전에, 가르 다리 위에서, 가르 다리를 건너서 그리고 가르 다리 아래에서 풍뒤가르를 감상해 본다. 다리를 건너기 전에는 웅장한 모습에 흥분되었고, 다리 가운데에서는 모르타르 없이 거대한 돌들이 단단히 결합된 것에 놀랐으며, 다리를 건너서는 3층의 좁은 수로가 매우 인상적이었다. 다리 아래에서는 하늘과 구름과 가르 강과 가르 다리의 조화로운 아름다움에 도취되어 지그시 눈을 감게 된다.

다리를 건너 그다지 높지 않은 동산 위로 10여 분 정도 올라가는데 미로가 복잡하게 얽혀 있어 길을 잃기 딱 좋게 생겼다. 덜컥 겁이 난 우리는 얼마 가지 못하고 도로 내려왔다. 그 즈음 풍뒤가르는 황금빛 황혼으로 아름답게 물들어 있었다. 자연이 만들어 내는 또 하나의 위대한 예술품을 감상하며 우리 가족은 오랜만에 영혼의 휴식을 취한다.

스위스의 작은 마을을 거닐다

풍요로운 자연을 품고 있는
조용하고 한적한
스위스
작은 마을.

그곳에서
지친 마음의 문을 활짝 열고
맑고 깨끗한 숲과
호수 마을의 체취를
고스란히 맛본다.

Switzerland

Weggis

영혼을 잠잠케 하는 호수 마을
베기스

앙증맞은 꽃들로 장식된
스위스 집 지붕들이 옹기종기 모여 있고,
증기 유람선이 이름 모를 물새들의 환영을 받으며
베기스 선착장으로 들어오고 있었다.

유럽,
작은 마을
여행기

베기스에서 누리는 한적함

스위스의 기본 여행이라 할 수 있는 루체른과 필라투스 Pilatus 산과 리기 Rigi 산 관광을 위해서는 먼저 숙박지를 잘 정하는 것이 중요하다. 유레일 열차를 이용하는 여행객들에게는 루체른 역에서 가장 가까운 호숫가에 위치한 호텔들이 적당할 것이다. 하지만 심신이 너무 지쳐서 쉼을 얻고 싶은 이들이나 렌트카 여행자들에게는 안성맞춤인 곳이 따로 있다. 경관이 수려한 루체른 호수 옆의 구불구불한 길을 따라 들어가면 25킬로미터 정도 떨어진 한적한 호숫가에 위치한 베기스 Weggis 라는 곳이 나온다. 나는 한치의 망설임 없이 이곳을 적극 추천한다.

베기스는 비스듬한 언덕 지대를 이루고 있는 마을이다. 루체른 호수 가까이에 있는 호텔들도 있지만 굳이 이곳을 택한 이유는 자그마한 언덕 위에서 호수를 내려다보는 전망이 더 매력적이기 때문이다. 또한 거의 대부분의 차들이 호숫가에서 한참 떨어진 곳에 있는 차도로 다니기 때문에 베기스는 더없이 조용하고 평온하다. 제대로 자연 속에서 쉬려면 이런 곳에 여장을 풀어야 하지 않겠는가.

언덕 위의
작은 호텔

우리 가족은 취리히 공항에서 렌트를 하고 고속도로를 빠져 나와 베기스를 가기 위해 한적한 호숫가를 유유히 달렸다. 길이 구불구불했지만 그 풍광이 너무나 환상적이라 예정보다 좀 늦은 오후 4시경에야 호텔에 도착했다. 가족이 5대째 운영하고 있다는 호텔이었는데, 들어서는 입구부터 왠지 고풍스럽고 운치가 있어 보인다. 호수를 내려다보는 전망도 역시 기대만큼 멋지리라.

무거운 여행 짐을 여기저기 둘러메고 지친 몸을 이끈 채 호텔 안으로 들어서자 50대 초반의 호텔 주인이 우리를 반갑게 맞이하며 짐을 들어 주었다. 이 호텔의 저녁 식사가 일품이라고 해서 디너 패키지도 예약해 두었는데, 호텔에 도착하니 저녁 생각이 간절해진다. 나는 내친김에 스위스 치즈랑 각종 유럽 치즈까지 맛볼 수 있는 모둠 치즈도 특별 주문했다. 아, 여행을 오면 왜 이리 식욕이 왕성해지는지 모를 일이다.

호텔은 외관만큼이나 내부 인테리어도 고풍스러웠다. 오르내리는 엘리베이터도 옛날 영화에 나옴직한 아주 오래된 것이었다. 안전에 대한 불안감을 떨쳐 버리게 만들 만큼 고풍스러운 멋과 묵직함이 그대로 살아 있는 엘리베이터였다. 마치 타임머신을 타고 과거로 날아간 듯한 느낌이 들었다.

엘리베이터에서 내려 방을 안내받은 우리는 마침내 편안한 안식을 취할 수 있는 보금자리에 드러누웠다. 나는 경치가 궁금해서 창문부터 열어

젖혔다. 그 순간 "우아" 하는 탄성이 절로 흘러 나왔다. "그래 바로 이거야!" 오랜 여행을 하면서도 쉽게 보기 힘든, 내가 늘 마음속에 그리던 아름다운 호수가 눈앞에 펼쳐졌다.

왼쪽으로 고개를 돌리니 앙증맞은 꽃들로 장식된 스위스 집 지붕들이 옹기종기 모여 있고, 그 지붕 너머로 증기 유람선이 이름 모를 물새들의 환영을 받으며 베기스 선착장으로 들어오고 있었다. 아, 이것이 한 폭의 그림이 아니고 무엇이랴. 나는 움직이는 명화 한 편을 감상하듯 그렇게 한참을 서 있었다.

색다른 스위스 산 여행 계획

베기스에서 10분 정도 걸어가면 리기 산으로 가는 케이블카가 나온다. 나는 대부분의 여행객들이 출발하는 루체른을 뒤로 하고 여행의 시작점으로 베기스를 택했다.

그래도 궁금한 사람들을 위해 루체른에서 시작되는 여행 코스를 이야기하자면 이렇다. 우선 루체른에서 유람선을 타고 리기 산으로 올라가는 또 하나의 출발지인 피츠나우 선착장으로 간다. 거기서 등산열차를 타고 리기 칼트바트 Rigi kaltbad에서 내려 리기 산 정상에 오른 후에 케이블카를 타고 베기스로 내려와 베기스 선착장에서 유람선을 타고 다시 루체른으로

돌아간다.

    필라투스 산도 마찬가지다. 루체른에서 유람선을 타고 알프나흐슈타트에서 내려 등산열차를 타고 정상까지 오를 수 있다. 그곳에 도착하면 둥근 파노라마 전망대에서 휴식을 취하며 절경을 감상한다. 나는 이 코스로 필라투스 산 위에서의 정경을 즐겼다.

    여기서 다시 케이블카를 타고 내려오면 크리엔즈^{Krienz}에 도착한다. 크리엔즈는 루체른에서 차로 5~10분 남짓 되는 거리에 있는데, 겨울철에 루체른까지 갈 시간이 없는 스키 마니아들은 가까운 거리에 있는 이곳 크리엔즈에서 바로 케이블카를 타고 올라가 스키를 즐긴다고 한다.

나는 베기스에서 푹 쉬다가 케이블카를 타고 올라가 리기 산을 즐기고, 바로 앞 선착장에서 유람선을 타고 호수 건너편으로 가서 필라투스 산을 즐겨 보겠다는 계획을 마음속으로 세우고 뿌듯해했다. 융프라우나 마터호른과는 또 다른 아기자기한 스위스 산의 맛을 느낄 수 있을 테니 말이다.

우아한 저녁 식사

남쪽을 향한 베기스는 리기 산이 북쪽에서 추위를 막아 주어 준아열대 기후가 국소적으로 형성되어 있다. 그래서 종려나무, 무화과나무, 목련 들이 다양하게 자라며 여름 휴양지로도 유명하다.

아침에 산보를 나가서 주변을 둘러보다가 호수와 자연스레 연결된 호텔 수영장 의자에 누워 이국땅에서 만나는 가을의 정취를 흠뻑 느껴 보았다. 호수 위에는 유람선과 물새들이 수면 위를 미끄러지듯 나에게 다가오는 듯했다. 그 모습이 마치 우윳빛 간유리를 통해 보는 것처럼 뽀얗게 아른거린다.

한껏 감상주의에 젖은 채 휴식을 누리다 보니 어느새 저녁시간이 다 되었다. 여행지에서의 식사시간 만큼 나에게 큰 기쁨과 기대를 주는 것도 없으리라.

호텔 식당에서 칠흑 같은 어둠이 깔린 호수를 창문 너머로 바라보았다. 조금 전까지 잿빛 풍경들이 주조를 이루었는데, 어느새 어둠이 잿빛을 몰아내고 검은 밤을 드리우고 있었다. 베기스 토박이인 듯한 통통한 아가씨가 친절하게 식사 주문을 확인하고는 테이블 세팅을 해준다. 그리고 코스 중간 중간에 날이 무딘 칼과 도마처럼 생긴 도구로 테이블보 위의 음식 부스러기를 세련된 솜씨로 깔끔하게 치워 준다. 스위스 명문 호텔학교 출신이라는데, 이런 세심한 부분까지 챙기는 교육을 철저히 받았구나 싶었다.

아무튼 나는 아주 기분 좋게 가족들과 둘러앉아 우아한 저녁 식사 무드를 잡아 보았다. 입 안으로 들어가는 음식들이 모두 맛나고 사르르 녹았다.

모둠 치즈의 신세계

새벽에 일어나 선착장을 비롯해 마음을 상쾌하게 해주는 호수의 맑은 물과 공기 그리고 물오리들을 바라보며 호젓하게 아침 산보를 즐겼다. 그런 다음 호텔에 미리 예약해 둔 특선 치즈 모둠을 아침 식사 전에 전망 좋은 발코니에 앉아 호숫가에 피어오르는 물안개를 바라보며 한입 베어 문다.

170 171 Switzerland

이 치즈가 바로 로크포르^{Roquefort} 치즈이다. 로크포르는 샤를마뉴 대제가 가장 좋아했다는 양의 젖으로 만든 프랑스산 블루치즈이다. 암양의 블루치즈에서 나는 고릿고릿하면서도 짭짤한 느낌은 곰삭은 돌산 갓김치의 감칠맛이나 삭힌 홍어의 탁 쏘는 맛과는 또 다른 별맛이다. 아무튼 이국에서 만나게 된 로크포르 치즈는 수많은 발효의 맛을 감지했던 나의 혀를 한순간에 무너뜨리고 말았다. 치즈 한 조각으로 나는 순식간에 천 년 전의 샤를마뉴 대제가 된 기분이 들었다.

말이 나왔으니 샤를마뉴 대제에 대해 잠깐 이야기하고 넘어가련다. 샤를마뉴 대제는 고전문화, 그리스도교, 게르만 민족정신의 세 요소로 이루어지는, 유럽의 역사적 발전에 기초가 되는 서로마 제국을 부활시켰다. 물론 나는 역사에 문외한이지만 내가 보기에 샤를마뉴 대제는 역사상 가장 훌륭한 황제인 것 같다.

황제로서 자칫 빠지기 쉬운 교만에서 벗어나 신을 떠나지 않고 그리스도교를 중심으로 세상을 통치하며 '유럽의 아버지 왕'이라고 불렸던 그는 수백 년 이어진 유럽 중세 시대 가운데 가장 위대한 발자취를 남긴 사람이다. 샤를마뉴 대제가 그리스도교에 기초를 두고 서유럽의 평정과 발전을 이루어낸 엄청난 역사는 나폴레옹의 업적마저도 초라하게 느껴지도록 만든다.

자, 이제 로크포르 치즈를 마음껏 즐겼으니 다른 치즈들도 하나하나 맛볼 차례이다. 까망베르와 브리 치즈보다 발효기간이 짧아 더 신선하다는 브레스 블루와 생딸브라이가 혀를 타고 목으로 넘어간다. 염소치즈인 포르마지 드 스와뇽 블랑이 입 안으로 들어올 때는 이미 나의 혀는 초토화되어 "더 이상의 환상적인 맛은 이제 그만!" 하고 외칠 정도가 되어 버렸다.

내가 가장 좋아하는 이탈리아 블루치즈인 고르곤졸라를 비롯하여 네덜란드의 에담과 고다, 영국의 체다, 스위스의 라클레테, 에멘탈, 그뤼에르, 프랑스의 까망베르와 브리 치즈 정도가 치즈의 전부인 양 알고 있었던 나에게 치즈의 신세계를 열어 준 순간이었다.

아주 오래전 네덜란드의 델프트에 갔을 때 발효 치즈 냄새로 쩌든 전통 치즈가게에서 코를 막고 뛰쳐나온 적이 있었는데 만일 지금 그곳에 다시 간다면 제대로 된 치즈를 맛보고 고를 수 있으리라. 아무튼 어떻게 이런 다양한 발효의 맛을 끄집어 낼 수 있는지 신기할 따름이다. 마치 나의 혀 끝에서 천국의 맛을 느끼고 있는 것 같다.

이국 땅에서 이국의 맛을 즐기며 이국의 호수에서 심신을 달래는 지금 이 순간이 행복하기만 하다. 치즈 하나로도 이렇게 행복해질 수 있다니. 오늘에 한해서는 더 이상의 행복이란 없을 것 같다. 나에게 이국적인 발효의 맛을 느끼게 해주고 샤를마뉴 대제를 만나게 해 준 세계 최고의 모둠 치즈에 고마움을 표한다. 이제 발효 맛에 있어서는 나의 혀도 국제적인 감각을 갖추게 된 것 같다. 치즈 맛의 향연에 한껏 매료된 나는 발코니에 발을 살짝 올리고 몸을 앞으로 숙여 저 아래 물안개에 젖어 있는 호수 마을을 두 눈에 담아 본다. 잔잔히 밀려들어 오는 베기스의 하늘빛과 호수의 물결 속에 나의 온 마음이 푹 잠길 때까지…

스위스의 멋쟁이 도시
루체른

다리를 걸으며
그림을 감상할 수 있는 카펠교.
나에게는 세상에서 하나뿐인
다리 위의 미술관이다.

유럽,
작은 마을
여행기

카펠교와 사자상

스위스의 여러 도시 중에서 아기자기하고 마음을 평온하게 하는 도시를 꼽으라면 가장 먼저 루체른이 떠오른다. 한마디로 루체른은 동화에서나 나올 것 같은 예쁘장한 집들과 골목골목마다 숨겨진 중세 도시의 풍광이 묘하게 어우러지는 도시이다.

우리 부부는 베기스의 호수 언덕에 위치한 그림 같은 호텔에서 단잠을 잔 후 이른 새벽부터 렌트한 벤츠 소형차에 가뿐히 몸을 실었다. 베기스 마을을 떠나 뱀처럼 구불구불한 안개 낀 새벽 호수 길을 따라 루체른을 향해 여유로운 드라이브를 즐겼다. 차를 운전하면서 다니는 여행의 묘미라면 내가 가고자 하는 곳에서 언제든지 머물 수 있고, 그곳 현지인들과 쉽게 가까워질 수 있다는 것이다.

베기스에서 루체른까지 이어지는 길에는 우리 눈을 즐겁게 하는 것들이 얼마든지 있다. 호숫가를 따라 멕겐 Meggen, 쿠스나흐트 Kusnacht, 그레펜 Greppen 등 개성 있는 마을의 중앙 광장들과 조용하고 아름다운 주택들을 둘러볼 수 있으니 여행의 보너스를 얻는 기분이 든다.

나는 루체른의 상징이라 할 수 있는 카펠교에서 가까운 주차장에 차를 주차했다. 이런 곳에 주차장 시설이 잘 구비되어 있는 것에 새삼 놀라게 된다. 역시 관광도시다운 면모를 갖춘 곳이다. 루체른은 환경을 지키기 위해 전기 버스가 다니고 유럽 최대의 교통 박물관이 있을 만큼 교통 문화가 잘 정착된 도시이다.

우리 가족은 차에서 내리자마자 카펠교를 향해 가벼운 발걸음을 옮겼다. 다른 나라에도 카펠교와 같이 나무로 만들어지고 지붕이 있는 다리들이 많지만 내가 본 다리 중에서 카펠교가 가장 아름답다고 자신한다. 소박하면서도 중세적인 느낌이 물씬 풍기는, 그래서 중세의 한 사나이가 되어 사랑하는 여인을 만나기 위해 설레는 가슴으로 다리를 건너는 기분이 드는 그런 다리이다.

알록달록한 제라늄이 200미터나 되는 다리 옆을 장식하고 있고, 다리 아래에서는 루체른 호수와 이어지는 로이스 강을 따라 우아한 백조들이 헤엄을 치고 있다. 다리 안쪽에는 17세기의 화가인 하인리히 베그만이 그렸다는 그림들이 천장에 세모 모양으로 걸려 있는데, 110여 점이나 되는 그림들은 루체른의 역사와 수호성인의 생애를 담고 있다.

다리를 걸으며 그림을 감상할 수 있는 카펠교. 나에게는 세상에서 하나뿐인 다리 위의 미술관이다. 화가의 그림뿐만 아니라 다리 위에 서서 바라다 보이는 루체른의 풍광 또한 그림처럼 아름다웠다.

다리 끝에는 자그마한 팔각형의 탑이 서 있는데, 원래 감시탑의 기능을

유럽,
작은 마을
여행기

했던 곳이라고 한다. 그 탑이 더더욱 중세의 느낌을 자아내는 것 같아 나는 한동안 탑을 지그시 바라보았다. 그런 다음 카펠교에서 바라보는 루체른의 풍광을 정신없이 사진기에 담았다.

다리를 건너 20분 남짓 걸어가자 사자상이 있는 자그마한 공원에 이르렀다. 워낙 구석진 곳에 있던 터라 사람들에게 물어물어 간신히 찾아갔다. 비록 작은 공원에 있는 사자상이지만 다들 한 번씩 눈도장을 찍는 유명한 곳이라 우리도 사자상을 배경으로 기념사진부터 한 장 박아 본다.

사자상은 커다란 암벽에 조각된 것인데, 실제로 사자 한 마리가 지친 모습으로 쓰러져 있는 듯한 착각을 불러일으킬 정도로 섬세하다. 이 사자상은 프랑스 혁명 때 루이 16세 왕가를 지키기 위해 목숨을 바친 스위스 용병들을 기리기 위해 세워진 것이라고 한다. 창에 찔려 숨이 넘어가는 순간에도 방패를 끌어안고 왕가를 지키려는 충성된 사자의 모습에 나도 모르게 숙연해졌다.

루체른의 새벽 공기

루체른에 도착하자마자 몇 군데를 돌고 나니 피곤이 한꺼번에 밀려왔다. 우리 가족은 미리 예약해 둔 호텔로 향했다. 호텔에 여장을 푼 나는 어느새 깊은 단잠 속으로 빠져들고 말았다.

다음날 새벽, 나는 눈을 번쩍 떴다. 그리고 여행지에 오면 항상 하는 산책을 나서기 위해 준비를 했다. 여행지에서는 순간순간이 소중하기 때문에 그곳의 신선한 새벽 공기조차 놓칠 수가 없다. 일어나자마자 큰 숨을 들이켰다. 그러자 루체른의 맑은 공기가 나의 코와 입을 통해 내 몸속을 훑고 지나간다. 아, 이것은 마치 하나님이 불어넣어 주시는 순도 100%의 숨결 같다.

우리는 루체른 성곽벽인 무제크 성벽을 따라 조깅하면서 루체른 시내와 피어발트슈테터 호수, 그리고 뒤로 이어지는 눈 덮인 산봉우리들을 천천히 감상했다. 감탄이 절로 나오는 아름다운 절경에 한참 동안 넋을 잃었다. 내 마음이 활짝 열려 자연과 교감을 나누는 그 느낌은 평생 잊을 수 없을 것 같다. 여행은 눈만이 아니라 마음까지 열어 주는 묘한 힘이 있다. 아침에 만난 장관에 흠뻑 취해 운동으로 거칠어진 나의 숨소리는 조금씩 잦아든다.

볼거리로 가득한 구시가지

성벽을 내려오다 보면 호수와 이어지는 로이스 강을 가로질러 카펠교를 비롯한 아름다운 다리들로 수놓아진 그림 같은 구시가지가 펼쳐진다. 이를 차근차근 챙겨 보아야 비로소 루체른 여행이 완성된다고 할 수 있다. 건물들에는 멋진 프레스코화가 그려져 있고, 어떤 건물에는 조각상이 모퉁이에 매달려 있다. 이처럼 건물 자체가 예술품이기에 도시의 분위기가 한층 고풍스럽게 느껴진다.

루체른의 구시가지는 아침부터 전 세계에서 몰려든 수많은 관광객들로 북적거렸다. 1868년 8월에 빅토리아 여왕도 머물다 갔다는 루체른은 관광이 주 수입원인 도시답다는 생각이 들었다. 이 작은 도시에 1년에 500만 명 이상이 온다고 하니 더 이상 무슨 말이 필요하랴.

돌로 포장된 좁은 골목길을 따라 구경하던 우리는 피카소 박물관을 들렀다. 박물관 안에 들어가 보니 피카소의 그림뿐 아니라 미국의 사진작가 데이비드 더글라스 덩컨 David Douglas Duncan이 찍은 피카소의 사생활 사진들도 만나볼 수 있었다. 생각지도 못했던 사진들과의 만남은 의외의 재미를 우리에게 선사했다. 생생한 사진들을 감상하는 데 푹 빠진 나는 한참 동안 박물관 안을 서성이다가 아내의 손에 이끌려 근방의 필라투스 거리로 나섰다. 여러 상점들과 영화관, 은행 등이 늘어선 필라투스 거리는 루체른 역 광장과 가까워 항상 붐비는 활기찬 거리이다. 우리는 대낮의 따가운 햇살을 온몸으로 받으며 걷는 것만으로도 행복하다는 기분이 들었다.

유람선을 타고 피어발트슈퇴터 호수를 둘러보고 난 뒤 알프나흐슈타트에서 내려 등산열차를 타고 필라투스 산봉우리를 올랐다. 급경사의 산길을 빨간 열차를 타고 올라가는 묘미가 참 아찔하면서도 어린아이처럼 신이 났다. 목적지에 다다르자 원형 전망대가 눈에 들어왔다. 우리는 잠시

숨을 돌릴 겸 중세 건물로 둘러싸인 조그마한 광장 앞 커피숍에서 커피 한 잔을 마시는 여유를 즐겼다. 따사로운 햇살 속에서 빙하 글레셔를 맛보는 기분도 썩 괜찮았다.

그동안 바쁜 일상을 사느라 누리지 못했던 여유를 더 많이 누리고 싶었던 나는 참고 쌓아두었던 여유로움을 있는 대로 풀어 놓았다. 여행지에서 만끽하는 이러한 여유가 바로 최고의 행복이 아닐까?

Locarno

국제영화제의 도시
로카르노

땀을 흠뻑 흘리며 올라가는 길이
마치 십자가의 고행 길 같다는 생각을 해 본다.
여기서 예수님의 십자가가 떠오르는 건 여행이 주는
또 다른 감동이리라.

유럽,
작은 마을
여행기

로카르노
시내를 걷다

스위스는 남부 티치노(Ticino) 지역인 마조레 호수와 루가노 호수를 이탈리아와 서로 사이좋게 나누어 갖고 있다. 오늘은 그 마조레 호숫가에 위치한 로카르노(Locarno)를 가보기 위해 새벽부터 부산을 떨었다.

마조레 호숫가에서 가볍게 산책을 한 우리 가족은 중앙 기차역을 찾아가는 길에 근처 쇼핑가를 둘러보았다. 로카르노는 기차역이 호수 근처 평지에 있어 주변이 꽤 번화한 편이며, 매년 8월 국제 영화제가 열리는 곳으로 유명하다. 안내 센터는 기차역 근방 카지노 입구 바로 안에 있었다. 여기서 얻은 지도 한 장을 갖고 본격적으로 로카르노 시내를 걷기 시작했다.

나는 온몸으로 느끼며 걷는 여행을 좋아한다. 오늘은 또 어떤 새롭고 흥미진진한 일들이 생길지 한껏 기대에 부풀어 올랐다.

광장
피아자 그란데

카지노에서 조금 걷다 보니 바로 그 유명한 대 광장 피아자 그란데 Piazza Grande가 나온다. 피아자 그란데는 8월에 열리는 로카르노 국제 영화제의 상징으로, 노천극장의 역할을 어느 곳보다도 톡톡히 해내고 있다.

이 조그마한 도시에 20만 명의 관객이 세계 도처에서 온다고 한다. 이 광장의 쇼핑가가 로카르노에서는 가장 번화한 곳이다. 루가노의 나싸 거리만큼 으리으리한 명품거리는 아니지만 중상급 백화점과 식품점, 고급 시계점 그리고 여행자들을 위한 레스토랑들이 즐비해서 우리 같은 평범한 여행자들은 오히려 더 실속 있게 쇼핑할 수 있다.

마침 광장에서 벼룩시장이 열리고 있었다. 아내는 물 만난 물고기처럼 눈을 반짝이며 벼룩시장 안을 헤치고 들어갔다. 마치 강바닥에서 사금을 캐듯이 열심히 돌아다니며 진귀한 물건을 찾는 아내를 보니 나도 모르게 웃음이 흘러나왔다.

구시가지로 들어선 우리는 성 안토니오 교회와 그 옆에 있는 스위스 아티스트 장 아프 Jean Arp 등의 현대 작품들이 있는 까사 루스카 Casa Rusca로 가 보았다. 하지만 공교롭게 점심시간이라 문을 닫은 상태였다. 아내는 매우 아쉬워하며 쉽게 발길을 돌리지 못했다. 그러나 어찌하겠는가. 여행이라는 것이 마음먹은 대로, 하고 싶은 대로 할 수 있는 게 아니니 말이다. 나는 처한 상황에 만족해야 여행이 즐거워진다고 아내를 다독였다.

마돈나 델 사소 성당

우리는 다음 행선지인 로카르노의 가장 유명한 마돈나 델 사소 성당 Santuario della Madonna del Sasso 으로 향했다. 그런데 아뿔싸, 그곳까지 올라가는 트램이 고장이 나서 한동안 수리 중이라는 것이다. 우리는 울상을 지으며 낑낑대고 걸어 올라가던 중에 기막힌 구경거리를 발견했다. 산속 구불구불한 길에 기발한 발상으로 그려진 각종 그림들이 있는 것이다. 역시 인생은 새옹지마이다. 걸어 올라가지 않았다면 이 그림들을 제대로 감상이나 할 수 있었겠는가.

언덕길을 따라 일정한 간격으로 골고다 언덕을 상기하게 만드는 예수님 수난의 벽화들이 순서대로 그려져 있었다. 덕분에 올라가는 길이 전혀 지루하지 않았다. 땀을 흠뻑 흘리며 가는 이 길이 마치 십자가의 고행 길 같다는 생각을 해 본다. 여기서 예수님의 십자가가 떠오르는 건 여행이 주는 또 다른 감동이리라.

언덕에 거의 다다르자 자그마한 노란 벽화 집들 너머로 마돈나 델 사소 성당이 거룩한 자태를 뽐내며 서 있었다. 이 성당은 성모 마리아의 계시로 지어졌다고 하는데, 이 가파른 계곡 바위 위에 어떻게 성당을 세울 수 있

었는지 참으로 신기하기만 했다.

　마돈나 델 사소 성당의 발코니에서 내려다보니 로카르노 시내와 마조레 호수가 고요한 아침을 맞이하고 있었다. 이른 아침에 피어오르는 해말간 물안개와 눈부신 햇살로 충만해진 마조레 호수는 하늘을 향해 온몸으로 노래하며 춤을 추는 듯 보였다. 세상 만물을 창조하신 하나님께 찬양을 드리는 경건한 몸짓이리라.

　성당 안에는 예수님과 열두 제자의 최후의 만찬과 마가의 다락방에서 오순절 날 일어난 성령 강림의 기적을 실제 크기의 인형으로 재현해 놓은 방들이 있었다. 그 방에 서 있는 우리도 그 당시에 있는 듯한 느낌이 들어 가슴이 벅차올랐다. 아, 나도 예수님의 제자가 되어 그분의 발끝이라도 만질 수 있었다면 얼마나 기뻤을까.

　중세 성화뿐 아니라 자동차 사고 현장을 그린 유화와 기도 문구가 있는 매우 현실적인 최근 그림들도 있었다. 또 성당 벽에는 중세 해시계가 벽시계처럼 조각되어 있었다. 마돈나 델 사소 성당은 예수님 시절, 중세, 최근 사고 현장 등의 과거도 현실로 돌려놓는 묘한 매력을 지닌 곳이었다.

유럽,
작은 마을
여행기

마조레 호수의 호텔

우리는 성당에서 그리 멀지 않은 곳에 마조레 호수가 시시각각 변화하는 모습을 즐길 수 있다는 언덕배기의 아담한 호텔에서 며칠 머물기로 했다. 언덕 위에서 저 멀리 호수를 내려다보며 먹는 아침 식사는 호숫가 바로 옆에서 하는 것과는 또 다른 멋이 있었다.

주인장이 해주는 저녁도 프랑스 미슐랭 가이드가 별점을 매긴 유명 식당 못지않게 맛있었다. 사슴고기 베니슨^{Venison}도 오스트리아 인스부르크 사슴 전문식당보다 맛이 더 끝내줬다.

우리는 스위스, 독일, 네덜란드, 프랑스 등에서 온 손님들과 맛난 음식들을 먹으며 시간 가는 줄 모르고 이야기꽃을 피웠다. 거의 대부분의 손님들이 10년 넘게 이 호텔의 음식과 인심 좋은 주인에게 반해 매년 이곳을 찾는다고 했다. 나 역시 아직도 이 호텔의 노천 식당에서 먹던 아침과 저녁 식사가 생각난다. 더불어 시시각각으로 변하는 마조레 호수의 아름다운 풍경도 잊지 못하겠다. 독일계 스위스 아줌마의 거친 손과 너무나도 완벽하게 깨끗한 그녀의 주방조차도 뇌리 속에 또렷이 박혀 있다.

배불리 먹었으니 다시 몸을 움직여 줄 때다. 우리는 호텔 뒤의 주택가 골목길을 따라 이 집 저 집의 일상의 삶을 이방인의 눈길로 살짝 훔쳐보았다. 그 재미는 여행자에게만 주어지는 선물이다. 어느 집 대문 앞에는 죽은 강아지의 본을 떠서 정성스레 칠을 한 강아지 상이 놓여 있었다. 강아지를 무지 좋아하는 아내는 그것을 보고 주인의 마음이 얼마나 슬펐을지 알겠다며 눈물을 글썽거렸다.

우리는 해발 1,340미터 되는 카르다다^{Cardada} 산을 두 다리로 올라가 보기로 했다. 그 유명한 건축가 마리오 보타$^{Mario\ Botta}$가 설계했다는 케이블카를 굳이 사양하고 뚜벅이 길을 택한 이유는 두 발로 걷고 두 손으로 만지며 두 눈으로 담는 순간들이 억만 금을 주고도 얻지 못할 소중한 보물이 되어 내 마음속에서 반짝이기 때문이다.

고생 끝에 낙이 온다고, 땀을 뻘뻘 흘리며 올라간 카르다다에서 푸른 호수와 산들을 내려다보자 모든 피로가 한순간에 날아가는 듯했다. 신이 만든 대자연 속에 자리 잡은 작고 소박한 스위스 마을이 참으로 정겹고 아름다워 보였다.

Ascona

뉴에이지의 원조
아스코나

호수 위로 반사된
초록빛 산이 물결치고,
햇빛에 반짝이는 호수가
은보라 소리를 내며 흩어진다.

유럽,
작은 마을
여행기

그림엽서 같은 풍경

아스코나^{Ascona}는 로카르노와 마조레 호수로 바로 연결되지만 차로 가면 20분 정도 돌아가야 한다. 우리 가족과 함께 로카르노에 있는 호텔에 묵고 있던 독일인 부부는 로카르노와 아스코나에 대한 극찬을 한없이 늘어놓았다. 이 두 곳이 너무 좋아 봄부터 가을에는 로카르노 언덕 위의 호텔에서, 겨울에는 아스코나 호숫가 호텔에서 묵는다고 살짝 귀띔해 주었다.

독일인 부부는 꽤 젊어 보였는데 벌써 결혼한 두 딸과 손자, 손녀 3대 가족이 모두 같이 여행을 왔다. 로카르노와 아스코나에는 1년에 한 번 이상은 꼭 온단다.

호텔 주인장과 독일인 부부가 적극 추천한 아스코나를 가보지 않고는 배길 수가 없었던 나는 가족들을 차에 태우고 운전대를 잡았다. 외부 차들은 더 이상 못 들어가게 해서 여행자 정보센터 앞에 차를 주차시키고 아기자기한 상점들로 이어진 골목길을 걸어 호숫가로 다가갔다. 아주 얌전하게 들어선 호숫가에는 호텔과 음식점들이 일렬횡대로 서서 우리를 맞이하고 있었다. 노천카페에서 점심을 먹으며 바라본 호수 정경은 그림엽서보다 더 그림 같은 풍경을 하고 있었다.

호수 위로 반사된 초록빛 산이 물결치고, 햇빛에 반짝이는 호수가 은보라 소리를 내며 흩어졌다. 아름드리나무 아래 벤치에서는 사람들이 드러누워 여유를 즐기고 있었다. 여기 호숫가 호텔에서 며칠 묵는 것도 꽤 좋은 선택일 것 같다는 생각이 스쳐지나간다.

아스코나의 골목길

호숫가 근처에 있는 베드로와 바울 예배당을 구경해 보려 했지만, 주일날이라 주민들 말고는 못 들어가게 했다. 한 무리의 독일 단체 관광객들이 광장에 모여 여행 가이드로부터 이 교회에 대한 설명을 듣고 있었다.

다시 들어선 골목길을 아까보다는 더 여유로운 눈길로 즐겼다. 관광객들 취향을 고려하여 미로로 연결한 골목길을 따라 늘어선 다양한 기념품 가게와 갤러리가 우리의 눈을 유혹했다. 어떤 가게도 그냥 지나치지 못하고 눈길을 머물게 할 만큼 이국적이고 아름다웠다.

한참을 걸어 나오자 호숫가 깊숙이 위치한 고급 호텔의 잘 정돈된 정원에서 우아하게 점심을 먹고 있는 사람들이 눈에 띄었다. '어, 여기도 꽤나

멋져 보이네?' 점심을 배불리 먹고도 또 욕심이 나는 것을 보니 인간의 욕구는 끝이 없는 것 같다.

몬테 베리타의 자유 정신

다음 행선지는 우리가 묵고 있는 호텔 주인장의 친한 친구가 관리인으로 있다는 몬테 베리타Monte Verita이다. 그곳으로 가는 길을 물으니 언덕길로 15분 정도 올라가면 된단다. 택시를 타도 되지만 마을 집들도 구경할 겸 걸어가기로 했다. 20분 정도 올라가니 금세 몬테 베리타가 나온다. 몬테 베리타는 20세기 초 제1차 세계대전에 대한 반발로 자연주의로 돌아가자는 운동을 일으킨 일종의 유토피아 운동의 산실이다. 헤르만 헤세, 칼 융, 이사도라 던컨 등 그 당시 세계적인 유명 인사와 예술가들이 대거 이 운동에 참여했다고 한다.

자그마한 몬테 베리타 미술관 입구에는 태양을 중심으로 나체의 남자와 여자가 손을 잡고 걸어가는 뒷모습의 그림이 있었다. 그 그림만 보아도 자연주의와 자유를 외치는 유토피아 운동의 본고장이라는 사실을 알 수 있었다.

미술관 관리인은 80대 할머니였는데, 그 당시 설립자들 중에 한 분의 딸이라고 했다. 호텔 주인의 소개로 왔다고 하니 반색을 하며 직접 우리 가족을 미술관으로 안내했다.

할머니는 이 미술관에서 시작된 유토피아 운동은 미국의 히피를 낳았고, 지금의 뉴에이지의 근본이 되었다고 친절히 설명해 주었다. 그러면서 큼직한 열쇠를 나에게 쥐어 주었다. 저 뒤쪽에 창고 같은 곳이 있는데, 비밀 박물관이라며 눈을 찡긋했다.

우리는 비밀 박물관을 조심스레 열고 들어가 불을 켰다. 그랬더니 미술관 설립자들이 꿈꾸며 세우려 했던 유토피아의 성전 모델이 한순간에 그 모습을 드러냈다. 파르테논 신전 같은 모형 안에 어떤 의식을 행하는 누드의 미니어처들이 세워져 있었다. 그 비밀 박물관을 둘러보고 정원으로 나가니 뱀처럼 구불구불한 길 끝에 태양 같은 형형색색의 원형 조각들이 보인다. 이들은 점성학에 따라 양 자리는 성부의 좌^{구약}, 물고기는 성자의 좌^{신약}, 그리고 도래하는 물병자리는 성령의 좌^{현대}를 뜻한다고 한다. 할머니 관리인에게 잘 보았다고 열쇠를 건네며 인사한 후 택시를 기다리는 동안 나는 잠시 생각에 잠겼다.

끔찍한 제1차 세계대전은 많은 지식인들을 스위스의 몽테 베리타로 모이게 했고, 전쟁의 악몽과 고통과 수치는 인간의 존엄성에 몰두하게 만들었다. 그들은 태양과 육체의 진실 아래 모든 것이 평화스럽다고 생각하고 자연으로 돌아가고자 했다.

그들이 꿈꾸던 신전은 상 트로페의 누드 해변과 사뭇 흡사하다. 그들이 염원하던 사랑은 신대륙 히피의 반전 문화로 이어진다. 또한 그들이 이루

유럽,
작은 마을
여행기

려는 평화는 전 세계 뉴에이지 음악으로 자리매김하고 있다. 결혼, 정치, 종교로부터의 해방과 자유를 외치면서 말이다. 하지만 그들이 진정 자유를 누리고 있을까? 진실은 분명 하나일 터인데, 인간의 존엄성이라는 명제 하에 인간들은 너무나 많은 진리의 잔가지들을 뻗어나가는 것 같다. 오직 진리는 예수 그리스도 한 분뿐인데 말이다.

Lugano

스위스 여행의 종결지
루가노

푸른 호수 위에는
하얀 요트의 돛대가 바람을 가르며 나아간다.
그것을 보고 있자니 푸른 물결 속으로
빨려 들어가는 것만 같았다.

유럽,
작은 마을
여행기

실속파 여행자들이 찾는 곳

스위스를 두세 번 정도 와본 사람이라면 꼭 다시 한 번 가보고 싶어 하는 곳이 스위스 남부의 티치노Ticino 주 지역이다. 티치노 주는 마조레 호수와 루가노 호수를 이탈리아와 사이좋게 공유하고 있는 곳인데, 유명한 호반 도시인 루가노와 로카르노가 있다.

티치노는 스위스 북쪽과 인접해 있는 독일뿐 아니라 저 멀리 네덜란드 등에서도 실속파 여행객들이 부부나 가족 단위로 거의 매년 지속적으로 찾아오는 곳이다. 게다가 티치노는 외국인뿐만 아니라 전국 곳곳이 아름다운 스위스의 내국인들조차도 폭 빠져 들어 봄, 여름, 가을, 겨울을 가리지 않고 많은 이들이 찾아와 즐기며 휴식을 갖는 관광 지역이기도 하다.

스위스 여행의 끝자락에서 하루 정도 시간을 할애하여 루가노와 로카르노를 찾는 한국 여행자들도 있을 것이다. 겉으로 보기에는 다소 소박한 곳이지만 시간을 넉넉하게 잡고 온다면 의외로 값진 풍경들을 건져 갈 수 있다.

유럽의
리오 데 자네이로

티치노 주 지역 가운데 가장 큰 호반도시인 루가노Lugano. 마조레 호수, 루가노 호수 그리고 이탈리아 지역의 코모 호수가 나란히 하고 있는데, 중간에 있는 루가노 호숫가에 루가노가 위치하고 있다. 루가노는 호수를 중심으로 양 날개처럼 브레 산과 성 살바토레 산을 거느리고 있다. 배를 타고 호수 가운데로 가서 바라보면 두 산이 호숫가 양쪽에 뿔처럼 솟아오른 모습이 더 확실히 보인다. 마치 재미있는 원뿔 모양처럼 생겼다. 그래서 루가노를 일명 유럽의 리오 데 자네이로라고 한다. 정말로 가파른 산과 물이 어우러진 장관이 브라질의 리오 데 자네이로와 사뭇 비슷해 보인다. 푸른 호수 위에는 하얀 요트의 돛대가 바람을 가르며 나아간다. 그것을 보고 있자니 푸른 물결 속으로 빨려 들어가는 것만 같았다.

　두 산 정상에서는 확 트인 호수뿐만 아니라 저 멀리 눈 덮인 알프스 산맥까지도 감상할 수 있다. 산꼭대기까지는 트램이 운행되고 있는데, 운이 좋으면 날씨가 맑을 때 전망대에서 밀라노까지 보인다고 한다.

산타 마리아 델리 안졸리 교회

루가노의 호숫가 산책길을 따라 걷다 보니 늘어서 있는 이름 모를 나무들이 특이한 모양을 하고 있는 것이 눈에 들어온다. 나뭇가지들이 기역자로 꺾여 있으면서 서로 연결되어 푸릇푸릇한 잎사귀들로 산책길의 지붕을 만들어 주고 있었다. 나무들이 선사한 아늑한 그늘 아래로 산책하는 우리 가족은 자연이 주는 선물에 마음이 푸근하고 풍요롭기만 했다.

산책로를 따라 호숫가 남서쪽으로 오니 산타 마리아 델리 안졸리 교회가 그 모습을 드러낸다. 겉으로 보기에 유럽 교회치고는 허름해 보이지만 이 안에는 루가노가 가장 아끼는 보석과도 같은 벽화가 있다. 그것은 바로 16세기에 그려진 거대한 프레스코 벽화인 '그리스도의 수난'이다. 레오나르도 다빈치의 수제자이자 16세기의 거장 베르나르디노 루이니^{Bernardino Luini}가 그렸다고 한다. 여기에는 루이니가 그린 또 다른 명작인 프레스코 벽화 '최후의 만찬'도 있다. 우리 가족은 어둠 속에서 그 아름다운 작품을 숨소리마저 죽인 채 조용히 감상했다. 문득 피렌체에서 부지런을 떨지 않으면 보지 못하는 레오나르도 다빈치의 '최후의 만찬'이 오버랩되었다.

나는 유럽의 성당이나 교회를 방문하게 되면 은혜롭고 아름다운 내부를 감상하며 잠시 그 시절의 기독교에 대한 생각에 잠기곤 한다. 중세 시대에도 주님은 역사하셨고, 초대 교회 때나 지금의 기독교인들만큼 신실

유럽,
작은 마을
여행기

한 신앙인들이 있었을 텐데…. 단지 역사 속에서 드러나는 중세 교황들과 십자군 전쟁이 중세 신앙의 전부는 아니라고 믿고 싶다.

가장 화려한 나싸 거리

산타 마리아 델리 안졸리 교회에서 시내 중심가로 연결되는 나싸 거리Via Nassa는 명품 매장과 고급 부티크들이 모여 있는데, 스위스에서 가장 화려한 거리라고 할 수 있다. 파리나 몬테카를로와는 다른 루가노만의 개성이 담긴 외투, 장신구, 시계들을 눈으로 마음껏 즐기는 것도 나싸 거리가 주는 즐거움이다. 그렇게 나싸 거리가 끝나는 광장에 도착할 즈음 자칭 살바토레라는 거리 화가가 그린 그림들을 만나게 되었다. 그림 그리는 솜씨와 사인하는 펜 놀림이 이미 수준 높은 경지에 오른 것처럼 느껴져 저절로 감탄사가 튀어 나왔다. 때마침 아내가 그림 하나를 너무 마음에 들어 하기에 좀 비싼 듯 했지만 우리만의 거장의 작품이라 생각하고 구입했다.

나는 어디를 여행하든 추억용으로 그림엽서 몇 장 사는 대신 큰 돈 안 드는 거리 화가들의 예술성이 깃든 유화나 수채화를 사곤 한다. 나중에 돌아와서 그 도시의 거리 화가가 그린 그림을 보고 있노라면 원화만이 주는 감동과 여행 당시의 감정이 범벅이 되어 아련한 추억에 싸이게 한다. 또한 눈을 감으면 내 가슴 속에서 꿈틀거리는 생생한 기억의 파편들로 짜릿한 희열을 맛볼 수도 있다. 이렇게 새록새록 살아나는 지난 여행의 추억을 곱씹는 것만으로도 삶을 살아가는 힘이 되기에 나는 거리 화가의 작은 그림들을 사는 것을 앞으로도 계속하게 될 것 같다.

성 로렌조 성당

열차 트램인 푸니쿨라를 타면 언덕 위 루가노 역까지 갈 수 있지만 걸어서 20분 정도이니 운동 삼아 걷기로 했다. 가는 도중에 성 로렌조 성당과 언덕길의 아기자기한 상점들도 구경할 수 있으니 걷는 것이 하나도 힘들지 않다. 성 로렌조 성당은 카메오에 조각된 초상화처럼 정교한 대리석 인물 부조와 아름다운 장식으로 된 파사드가 유명하다. 언덕 가운데에 위치한 성 로렌조 성당은 브레 산, 성 살바토레 산과 함께 여기가 루가노임을 알리는 상징물 중에 하나인데, 자연과 잘 어울리는 아름다운 예술품이다.

처음에는 걸어 올라가는 게 다소 힘들었던 아내도 기차역에 도착하니 걷기를 잘했다고 만족해한다. 이제는 정상에서 푸니쿨라를 타고 내려가기로 했다. 내려가는 데 5분 정도의 시간밖에 걸리지 않는데, 아내는 그 짧은 시간 동안 친구를 사귀었다. 그 친구는 귀여운 강아지의 주인인 루가노

소녀였다. 우리는 소녀와 함께 치오카토 광장 한가운데에 도착했다.

우리는 목을 길게 하늘로 뻗은 한 쌍의 물오리 조각상이 있는 분수대 앞에서 사진 한 장을 찍었다. 소녀는 낯선 이방인과의 만남이 신기하고 재미있었는지 상기된 표정으로 우리 가족에게 밝은 미소를 지어 보였다. 이렇게 생각지도 못한 우연한 만남이 바로 여행이 주는 큰 재미이자 추억이 아닐까. 우리는 소녀와의 짧은 만남을 아쉬워하며 발걸음을 다음 행선지로 돌렸다.

리포르마 광장에서의 커피 한 잔

호숫가로 내려와 보니 꽃과 채소 등을 파는 장이 선다는 루가노 최고의 광장인 리포르마 광장이 나왔다. 건물들이 모두 아름다운 형형색색의 꽃들로 장식되어 있었다. 이곳 사람들은 꽃을 정말 사랑하는 것 같았다. 곳곳에 꽃으로 장식한 집들을 쉽게 볼 수 있는데, 아름다운 도시의 풍광을 위해 꽃값을 아낌없이 지불하는 그들의 마음 씀씀이가 부럽게 느껴진다.

우리는 리포르마 광장의 노천카페에 앉아서 피자와 음료수를 시키고 더블 에스프레소를 마시며 피곤한 몸을 추슬렀다. 이런 곳에서 마시는 커피는 유난히 나의 기운을 북돋워 준다. 커피의 쌉쌀한 맛을 입 안에서 한참 동안 음미한 후 다시 배를 타고 간드리아^{Gandria}로 가기 위해 일어섰다. 간드리아는 루가노 호수에 위치한 작은 어촌인데, 베테랑 여행자들이라면 누구나 강력히 추천하는 곳이기에 결코 빠뜨리고 갈 수 없는 마을이다.

Gandria

시간이 멈춘 호수 마을
간드리아

산과 호수의 아름다운 자연과
한 몸을 이루고 있는 마을 풍경은
마치 동화 속에서 나오는 집들처럼 아름다워
우리에게 벅찬 감동을 안겨 주었다.

유럽,
작은 마을
여행기

간드리아로 가는 길

간드리아로 가기 위해서는 루가노 북동쪽 브레 산을 돌아 배로 30분 정도 가야 하는데, 그동안에 나타나는 풍경들이 장관이다. 브레 산과 성 살바토레 산을 거느린 루가노 마을과 자연의 조화는 신이 만들어 놓은 것처럼 아름답기만 하다. 호수 코앞에서 맞닥뜨린 브레 산의 불뚝 솟아난 산기둥을 매끄럽게 돌아가니 호숫가의 가파른 언덕들 사이로 예쁜 파스텔톤 집들이 다닥다닥 붙어 있다.

산과 호수의 아름다운 자연과 한 몸을 이루고 있는 마을 풍경은 마치 동화 속에서 나오는 집들처럼 아름다워 우리에게 벅찬 감동을 안겨 주었다. 특히 나는 간드리아로 가는 길에 이러한 풍광을 만나게 되리라는 생각을 전혀 하지 못했기에 그 감동이 더 컸다.

간드리아의 고색창연한 인공 절벽 위에 세워진 수십 개의 호숫가 레스토랑들이 화려한 꽃들로 예쁘게 치장하고 마치 우리에게 오라고 손짓을 하는 것 같았다. 슬며시 미끄러져 들어오는 배 끝으로 반짝이는 물결의 꼬리가 아스라이 사라지고, 발코니 난간에서는 자그마한 물새들이 노래를 부르며 우리가 모이를 던져 주기를 기다리고 있었다. 10월이라 제법 찬 공기가 불지만 온풍기의 바람이 그 찬 공기를 감싸고 우리를 따사롭게 맞이한다. 나는 잠시 눈을 감고 한가로운 자연의 선물을 만끽했다. 마치 여기서는 시간이 멈춘 듯 평화롭고 여유롭기만 하다.

호수 마을을 탐색하다

간드리아에 묵기 위해 예약한 호텔은 호수의 찰랑거리는 물결소리와 꽃을 스치는 바람 소리가 들릴 정도로 조용한 곳이었다. 호텔방이 꽃과 과일로 앙증맞게 장식되어 있는 것이 아주 마음에 들었다. 친절한 레스토랑 지배인 덕분에 이런 호텔을 알게 되어 얼마나 감사한지 모르겠다.

대충 짐을 풀어놓고 가볍게 산책을 하러 나갔다. 여행할 때마다 드는 생각이지만 짐을 풀고 처음 나왔을 때의 설렘이 참 좋다. 처음 가게 된 낯선 여행지를 탐색이라도 하듯 산책을 나서는 그 순간이 마치 탐험가가 대륙을 발견하고 내딛는 첫걸음 같다고나 할까. 우리는 간드리아의 골목골목마다 있는 예쁜 기념품 가게들을 기웃거리는 것만으로도 즐거웠다. 때마침 언덕 맨 위에 자그마한 교회가 있는 것을 보고 그곳으로 발걸음을 옮겼다. 안으로 들어가 보니 성소의 붉은 휘장이 위에서부터 두 갈래로 내려

Switzerland

뜨려져 있는 것이 이채로웠다. 우리는 잠시 교회 안에서 기도를 드리며 여행의 즐거움을 허락하신 하나님께 감사드렸다.

환상적인 산책로

간드리아로 오는 배 안에서 선원이 귀띔해 준 산책로를 걸어 보기로 했다. 그 산책로는 간드리아에서 루가노까지 이어지는 길로 한 시간 반 정도 걸린다고 한다. 마을길을 구석구석 둘러보다가 산책로로 들어서는 입구를 찾았다.

산책로 입구로 들어서자 정말 환상적인 오솔길이 눈앞에 펼쳐졌다. 호숫가에 바로 붙어 있는 곳인데 아무리 걸어도 피곤하지 않을 것 같은 아름다움이 느껴지는 길이었다. 감히 내가 걸어본 길 중에 최상의 산책로라고 말하고 싶다. 자전거로도 산책로를 즐길 수 있게끔 길 조성이 잘 되어 있었다. 자전거 길을 보면서 나중에 어린 손주와 함께 자전거를 타러 여기 다시 오리라는 야무진 상상을 해본다.

절벽을 따라 이어지는 자그마한 계단, 조각처럼 정교하게 만든 돌다리, 산자락 나무 사이로 호수와 하늘이 보이는 전망 좋은 언덕, 한가로이 물새가 노니는 간이 선착장이 내려다보이는 나무 벤치, 뭉크와 실레 등 수많은 개인 소장품이 전시되어 있는 빌라 파보리타 Villa Favorita 미술관까지 산책로를 따라 만날 수 있는 것들이 참으로 다채롭다. 단순한 산책로가 아닌 갖은 보물들이 숨겨진 풍요로운 산책로라는 느낌까지 들었다. 역시 간드리아에서 루가노로 이어지는 호숫가 산책로는 루가노 호수의 숨겨진 장인들이 공들여 만든 보석과도 같은 곳이다.

헤르만 헤세 기념관

다음날 아침에는 호텔 아침 식사 때 만난 독일인 부부가 적극 추천한 몬타뇰라Montagnola에 있는 헤르만 헤세 기념관에 가보기로 했다.

헤르만 헤세는 중년의 시기에 제1차 세계대전과 제2차 세계대전으로 인한 조국 독일과의 마찰, 정신병에 걸린 두 번째 아내와의 결혼과 이혼, 막내아들의 중병, 부친의 사망 등 숨 막힐 듯한 위기와 고난을 맞게 된다. 그러던 중 베른에서 1919년에 루가노 호수가 내려다보이는 전망 좋은 언덕 위 마을인 몬타뇰라에 반하여 이곳으로 이사를 온다.

여기에서 그는 글뿐만 아니라 헤세가 사랑하게 된 티치노의 아름다운 풍광을 그림으로 그리기 시작하면서 정신적 휴식과 안정을 되찾고 천재성을 회복하게 된다. 1923년 스위스 국적을 취득하고 세 번째 부인과 결혼한 헤르만 헤세는 몬타뇰라의 아름다운 환경으로부터 지속적인 충전을 받

유럽,
작은 마을
여행기

으며 『데미안』, 『싯다르타』, 『유리알 유희』, 『나르시스와 골드문트』와 같은 걸작들을 탄생시킨다. 그리고 85세에 뇌출혈로 사망할 때까지 제2의 어머니의 젖줄인 몬타뇰라를 떠나지 않은 헤르만 헤세는 여기서 천재적 작가의 삶을 조용히 마친다.

지금 내가 그 유명한 헤르만 헤세를 키워 낸 몬타뇰라에 와 있다. 내가 이곳에 있다는 자체만으로도 마치 역사 속 인물인 헤르만 헤세와 마주하고 있는 것 같은 오묘한 기분이 든다. 헤르만 헤세 기념관에서 헤세를 사로잡았던 몬타뇰라의 풍광에 심취하면서 그가 느꼈을 마음의 휴식을 나도 똑같이 맛본다.

헤르만 헤세는 인도 선교에 힘쓴 독실한 프로테스탄트 집안에서 태어났지만, 신학교 등 정규교육에 적응을 하지 못했다. 그 뒤로 엄청난 양의 책을 읽으며 독학으로 천재의 갈증을 해소한 것으로 유명하다. 그는 인도, 중국 등 동양과 서양을 아우르려 했고, 모든 대립을 넘어선 전 우주적 단일사상으로 통하는 길로 사랑을 가르쳤으며, 이러한 사랑에 도달한 상태를 행복이라고 말했다.

나는 헤르만 헤세의 숨결이 느껴지는 몬타뇰라에 서서 조용히 예수님께 기도를 드린다. 헤르만 헤세의 사상에 인간의 힘이 너무 들어간 것 같아 아쉽기는 하지만 이 여행을 통해 또 한 명의 천재적인 예술가를 만나게 해 주셔서 감사하다고. 그리고 몬타뇰라를 엘리야의 로뎀나무처럼 내 마음의 휴식처로 삼아 주셔서 감사하다고….

Isola Bella

환상의 섬
이솔라 벨라

이윽고 이솔라 벨라가 가까이 다가왔다.
섬 전체가 보로메오 가문이
수백 년 동안 가꾸어 온
아름다운 궁전과 정원으로 꾸며져 있었다.

유럽,
작은 마을
여행기

이탈리아 호수 섬을 만나러 가다

오늘은 호텔 여주인장이 적극 추천한 이탈리아 호수 섬인 이솔라 벨라^{Isola Bella}로 향했다. 나는 항상 여행지에 오기 전에 많은 계획을 세워 가지고 온다. 하지만 현지에 오면 항상 그곳 사람들의 이야기에 귀를 기울이고, 그들의 조언에 따라 여행의 목적지를 바꾸기도 한다. 여행지에 대해 이방인인 나보다 더 깊이 잘 알고 있는 그들의 지혜를 빌릴 때 여행이 여행다워진다는 것을 알기 때문이다.

로카르노가 위치한 마조레 호수는 대부분의 여행자들이 스위스 호수로 알고 있지만 북동쪽 귀퉁이 약간만 스위스 영인 티치노에 속하고, 대부분은 이탈리아 영토이다. 호수 서남쪽 이탈리아에 속한 호수에 이솔라 벨라뿐 아니라 산 조반니 섬, 마드레 섬, 수페리오레 섬 등 네 개의 섬이 있다. 로카르노에서 호수를 따라 차로 잠시 내려가니 검문소가 나타났지만 다행히 무사통과를 했다. 40킬로미터 남짓까지 이탈리아 호숫가에는 사유지가 없어 아름다운 마조레 호수와 천천히 호흡을 같이하며 느림의 드라이브를 한 시간 이상 즐겼다.

아름다운 호수 마을
인트라

호텔 여주인장의 말대로 코앞에 산 조바니 섬의 고성이 보이면서 인트라^{Intra}라는 아름다운 이탈리아 호수 마을이 그 자태를 드러냈다. 인트라는 '두 강 사이'라는 뜻의 라틴어인 '인트라 플루미나'$^{intra\ flumina}$에서 유래한 것인데, 지금은 다른 마을과 합쳐져 베르바니아^{Verbania}라고 불리기도 한다.

마침 이곳에서 아침마다 벼룩시장이 열린다고 하는 소리에 아내의 얼굴이 더 환해진다. 꽤 오래된 기념품 가게에서 파는 버가모 돌로 깎아 만든 앙증맞은 그릇이 눈에 들어온 아내는 한참을 고르더니 그릇 몇 개를 사서 조심스레 품에 안았다.

가게 주인 딸이 알려준 이탈리아 와인 저장고를 개조한 식당에서 점심을 했는데, 이국의 낯선 동굴 분위기가 사람들을 매료시키기에 충분했다. 단지 낯설음이 주는 매력만이 아닌 그 이상의 무언가가 나를 끌어당겼다. 알 수 없는 매력에 취해 있다 보니 너무 오랜 시간을 그곳에서 지체했다.

우리는 서둘러 선착장으로 달려갔다. 선착장에 도착하니 배들이 마드레 섬, 벨라 섬, 수페리오레 섬과 호숫가 마을들을 바쁘게 오가고 있었다. 세 섬을 다 돌아보고 싶은 욕심이 앞섰지만 여주인장이 강력 추천한 이솔라 벨라만 가보기로 마음을 먹고 왕복권을 끊었다.

배가 출항하고 잠시 후 마드레 섬이 그 모습을 드러냈다. 마드레 섬도 좋지만 이솔라 벨라가 가장 화려하다고 하니 자못 기대가 된다.

거대한 배 모양의 섬

이윽고 이솔라 벨라가 점점 가까이 다가왔다. 섬 전체가 보로메오 가문 Borromeo family이 수백 년 동안 배 모양으로 가꾸어 온 아름다운 궁전과 정원으로 꾸며져 있었다. 궁전을 짓기 시작한 카를로 보르메오 백작의 부인 이름인 이사벨라 아다 Isabella D'Adda에서 따와 이솔라 벨라가 되었다고 한다.

궁전과 정원을 둘러보면서 우리는 바로크 양식의 정수를 맛보았다. 궁전에는 동서양을 망라한 정교한 예술품들이 보관되어 있었고, 지하에는 조개껍질과 검은 대리석 거울과 요정으로 장식된 응회암 석굴 방들이 있었다. 이것이 과연 인간의 손으로 만들어진 것인지 믿어지지 않을 정도로 정교하고 아름다웠다. 정말 상상을 초월하는 예술적 감각에 혀를 내두를 수밖에 없었다.

밖으로 나오니 바빌론의 공중 정원을 상상하게 되는 계단식 테라스로 지은 바로크풍의 정원이 있었는데, 가히 이탈리아 정원의 최고봉이라 하겠다.

다시 배를 타고 인트라로 돌아가며 멀리서 바라본 이솔라 벨라의 보로

메오 궁과 바로크풍의 이탈리아 정원은 길이 320미터, 폭 400미터로 거대한 호화 유람선처럼 보인다.

    한참을 이솔라 벨라에 마음이 빼앗겨 아무 말도 없이 섬을 보고 또 보았다. 아름다운 섬의 모습을 오랫동안 눈에 담아두고 싶었기 때문이다. 그러다 문득 배 안에 자전거를 갖고 탄 50대 후반으로 보이는 두 명의 스위스 사람이 눈에 띄었다. 자전거를 좋아하는 내가 그냥 지나칠 리가 없다.

유럽,
작은 마을
여행기

말을 걸어 보니 자전거로 여행 중이란다. 우리 셋은 자전거 여행 이야기만으로 기분 좋은 수다를 떨었다. 서로 가지고 있는 자전거에 대해 이야기를 나누고 묘한 동지애로 하나가 되어 사진 한 장도 박았다. 이렇게 또 여행 길에서 친구 두 명이 생긴다.

아찔한 검문

차를 타고 다시 이탈리아 국경을 넘어 로카르노 호텔로 돌아가려는데 스위스 경찰이 우리 차를 불심 검문했다. 렌터카 번호판이 프랑스 것이라며 우리를 세운 것이다. 아뿔싸, 공교롭게도 여권을 호텔 방에 두고 왔다. 나는 할 수 없이 호텔 전화번호를 알려 주고 우리 신분을 보증해 주는 호텔 여주인장과 통화해 보라고 했다. 다행히도 그녀가 강력히 우리를 보증해 주어 겨우 국경을 통과할 수 있었다. 경찰은 우리를 보내 주면서 운이 좋았다고 너스레를 떤다. 어찌 됐든 여행지에서는 여권 지참이 필수라는 사실을 다시금 뼈저리게 느끼는 순간이었다.

호텔에 도착하니 엥가딘^{Engadin} 계곡 출신의 여주인장이 우리를 반갑게 맞이한다. 자기가 경찰한테 호통을 치며 우리 호텔 손님인데 저녁 식사 시간에 늦으면 안 되니 빨리 보내라고 했다고 한다. 역시 정 많은 아주머니는 한국이나 스위스나 똑같은 것 같다.

유럽,
작은 마을
여행기

나는 여주인장에게 이솔라 벨라의 아름다움에 흠뻑 취한 감동을 침이 튀도록 이야기했다. 그러자 그녀가 정색을 하며 그 성에 얽힌 이야기를 들려준다. 성 주인은 비록 아름다운 성을 지었지만 주변의 가난한 주민들을 잘 돌보지 않았다고 한다. 그리고 육지의 성 지하에서 들리는 죄수들의 비명소리가 듣기 싫어서 부인들이 섬에 궁을 지어 줄 것을 요청하여 공작이 지었다는 설도 있다고 한다. 늘 생각하는 것이지만 겉으로 보이는 아름다움이 전부가 아님을 느낀다.

이솔라 벨라를 곱씹다

카르디날 지베르토 3세와 비탈리아노 6세가 지어 수백 년간 다듬어진 이솔라 벨라. 돈이 부족하여 말년을 걱정하는 수많은 사람들에게 이솔라 벨라는 인생 최상의 목표를 보여 준다. 충분한 재력과 세계적인 안목 그리고 뛰어난 예술 감각이 버무려진 궁전 지하 동굴방과 정원의 벽화 부조에서는 어디에서도 볼 수 없는 독특한 아름다움이 뿜어 나온다. 그 예술품들은 지금의 수십조 원대의 거대한 부호들의 감각을 훌쩍 뛰어넘는 수준이다.

이솔라 벨라를 조우한 후 나는 갑자기 밀려드는 허무감에 주체할 수가 없었다. 남부럽지 않게 돈을 벌어 좋은 집, 좋은 차를 구비하고 안락한 가

정과 건강한 몸과 친한 친구들이 있고, 가끔씩 여행을 하며 사회봉사 활동을 하는 것이 누구나 꿈꾸는 말년의 삶일 것이다. 나 역시 이런 꿈을 꾸는, 어쩔 수 없는 세상 사람이라는 생각에 서글퍼진다. 오, 주님, 저를 붙들어주셔서 주님이 진정으로 기뻐하시는 삶을 살게 해주옵소서.

Mogno

마리오 보타의
모뇨

나는 지금 가장 촌구석 마을에서
초현대식의 성스러운 교회를 기적처럼 마주하고 있다.
단아한 나무 의자에 앉아
밤새워 철야 기도를 드리고 싶다.

유럽,
작은 마을
여행기

스위스의
끝자락 마을을 찾아서

로카르노의 호텔에 투숙하면서 건진 또 하나의 보물 같은 만남이 있다면, 스위스 편집인 부부를 사귀게 된 것이다. 우연히 여행에 대한 이야기를 나누다가 나는 그들 부부를 여행의 사부로 모시겠다고 마음먹었다. 그들과 대화하면서 헤르만 헤세에 대해서도 좀 더 알게 되었고, 마지막 날 이 지역에서 가장 좋은 식당에서 알맞은 가격에 멋진 저녁 만찬을 즐길 수 있는 노하우도 터득하게 되었다. 현지인들에게 얻는 이런 정보는 여행을 아주 풍요롭게 해주는 주요한 팁이 된다. 여행에서 이런 정보들만 잘 활용해도 꽤 훌륭하고 풍요로운 유럽 여행을 알차게 할 수 있을 것이다.

이들 스위스 부부의 적극적인 권유로 우리는 모뇨^{Mogno}를 가보기로 했다. 로카르노에서 차로 30분 정도 가면 마찌아 계곡$^{Valle\ Maggia}$이 나오는데 그곳을 따라 좀 더 올라가면 깊숙한 곳에 자리 잡은 라비짜라 계곡$^{Valle\ Lavizzara}$이 나온다. 여기서 더 들어가면 스위스 촌구석 끝에 모뇨라는 아주 작은 마을이 있다.

이 첩첩산골에 세계적으로 유명한 건축가 마리오 보타가 현대식 교회를 지었다고 하니, 이야기만 들어도 호기심이 발동한다. 거의 하루를 소모하는 일정이라 잠시 망설이기는 했지만, 우리는 스위스 편집인 부부의 추천을 굳게 믿고 모뇨로 향했다.

험난한 계곡에서의 곡예 운전

로카르노에서 모뇨는 60킬로미터 정도 떨어져 있는데, 산세가 무지 심해 차로 가도 2시간 남짓 걸린다. 마찌아 계곡에서 라비짜라 계곡으로 들어서니 커브 길이 45도보다 더 꺾여 있고, 바로 옆은 끝을 알 수 없는 위험천만한 절벽이었다. 이곳을 무사히 통과하려면 한 번에 커브 길을 다 못 돌고, 뒤로 한 번 후진했다가 다시 커브 길을 틀어 가기를 몇 번을 해야 했다. 나는 계속되는 절벽 끝 곡예 운전 때문에 진땀을 얼마나 흘렸는지 모른다.

소형 씨트로엥 같은 유럽 보급형 차들은 유유히 우리 차를 앞질러 한 번에 커브를 돌아 거의 시속 70~80킬로미터로 가파른 산길을 잘도 올라간다. 이런 험한 길을 자주 만나다 보니 유럽인들은 익숙해질 대로 익숙해진 모양이다. 어쨌든 나도 스무 번의 커브 길을 지나다 보니 어느 정도 요령이 생겨서 급커브 길이라도 한 번에 돌아갈 수 있게 되었다. 하지만 옆

자리에 앉은 아내는 계속 표정이 어둡기만 하다. 아무래도 괜히 왔다는 얼굴이다.

거리는 60킬로미터 정도라는데, 가도 가도 모뇨가 나타나지 않아 애간장이 탔다. 거의 폐허 같은 마을 두어 개를 지나치는데, 기분이 묘했다. '혹시 모뇨를 지나쳤으면 어떡하지?' 하는 걱정에 머리카락이 쭈뼛 서는데, 계곡의 마지막 마을인 푸지오 Fusio 방향 표지판이 나타났다. 푸지오는 모뇨보다 5킬로미터 더 가는 땅 끝 마을인데, 방향은 맞게 가는 것 같아 안심을 했다.

산세는 너무 아름다웠지만 우리는 그것을 즐길 마음의 여유가 없었다. 아마추어 여행자가 너무 무리한 여행길을 자처했나 하는 후회도 잠깐 들었다. 하지만 이미 돌이키기엔 너무 많이 왔다. 나는 오기로 똘똘 뭉쳐 굳은 자동차 운전을 멈추지 않았다.

작고 조용한 마을
모뇨

드디어 모뇨 팻말이 눈에 들어왔다. 모뇨라는 글자가 적힌 팻말이 어찌나 반갑던지 온몸으로 안아주고 싶을 정도였다. 마을 입구로 접어들자 집이 여남은 채밖에 없는 아주 작고 조용한 마을이었다. 입구에는 관광객 차로 보이는 대여섯 대의 차만이 주차되어 있었다. 공용

화장실만 하나 덩그러니 있고, 여행자 정보 센터 같은 곳은 당연히 없는 것 같았다.

마을 안으로 들어가니 비교적 잘 정돈되어 있는 주택 두어 채를 지나 드디어 마리오 보타의 모뇨 교회가 그 모습을 드러냈다. 단순한 원통 모양에 지붕 위를 빗면으로 싹둑 잘라 버린 형태의 건축물이었다. 모뇨 교회는 원래 350살이 넘는 오래된 교회인데 1986년에 눈사태로 마을과 함께 쓸려 내려갔다고 한다. 다행히 인명 피해는 없었지만 역사적인 교회가 사라지고 말았다. 이때 세계적인 거장 마리오 보타가 이 산골 마을의 아주 작은 교회 건축에 흥미를 느껴 모뇨 교회 재건축을 맡게 되었다고 한다. 그는 같은 티치노 지역인 루가노 호수 아래 멘드리지오 Mendrisio 출신으로, 유명한 포스트모더니즘 건축가이다. 또한 우리나라의 리움 박물관과 강남 교보타워를 설계하여 우리에게도 잘 알려진 세계적인 건축예술가이다.

현대식 모뇨 교회가 1994년에서 1996년에 걸쳐 완공된 후에 설계 건축가들과 지망생들뿐만 아니라 호기심 많은 일반 여행객들도 마리오 보타의 예술성에 감동하여 매년 방문횟수가 증가하고 있다고 한다. 이 작은 교회는 성 지오반니 침례교회, 스위스의 바티스타 교회로 불리기도 한다. 문득 우리나라에도 이런 교회가 있으면 많은 사람들이 찾을 텐데 하는 생각을 해본다.

유럽,
작은 마을
여행기

신성한
건축 예술

　　모뇨 교회는 원통으로 아주 단순하게 지어진 것 같지만 주변의 공간에도 대리석과 화강암을 바닥에 깔아 방문하는 사람들이 성역에 들어선 듯한 느낌을 자아내게 만든다. 모뇨 교회의 자그마한 광장 언저리에 하얀 대리석으로 된 원형과 직사각형이 서로 맞물린 하나의 예술품 조각인 식수대가 보인다.

　　마찌아 계곡의 맑고 시원한 생수를 마시고 그 물로 손과 얼굴을 적시자, 마치 생명수를 마시고 성령을 받은 듯 나의 영혼이 새로워진다. 가끔씩 관리인이자 교회 가이드 역할을 하는 나이 든 분이 설명을 해줄 때도 있다고 하는데, 오늘은 보이지를 않았다.

　　교회 정면으로 가니 빗면 지붕 바로 밑에 종이 달려 있고 거기로 올라가는 돌계단이 있는데, 비가 오면 비탈진 지붕 위에서 빗물이 여기로 모여 작은 계곡을 이루어 돌계단을 타고 내려온다고 한다.

　　교회로 들어서니 잿빛 화강암과 하얀 대리석으로 겹겹이 줄을 이룬 구름 아치 위로 십자가에 달린 예수가 공중에 둥둥 떠 있다. 마치 십자가의 죽음과 부활 승천을 동시에 보여 주는 것 같았다. 단출한 강대상과 단 두 줄의 나무 의자는 마치 상징적 의미만 있는 교회처럼 보인다. 하지만 나에게는 이 정갈함이 절제된 아름다움으로 다가왔다. 주일 날 여기에서 성가가 울려 퍼지면 공명이 대단해 더욱 큰 감동이 밀려올 것 같은 생각이 들

었다.

교회 벽은 이 근처 페치아^{Peccia}에서 나는 하얀 대리석과 리베오^{Riveo}에서 나는 진회색 화강암으로 겹겹이 쌓아 단단하게 느껴진다. 교회 건축 자재를 마찌아 계곡 지역에서 조달하여 비용도 절감하면서 아름답고 성스러운 예술품을 만들어 냈다. 내 눈에는 성당 중에 최고인 이스탄불의 소피아 성당만큼 성스럽고 웅장해 보인다. 최첨단 유리 섬유와 철강 제품으로 된 반투명의 지붕을 통해 따사로운 햇살이 마치 성령의 빛처럼 교회 안을 은은하게 비추었다.

가끔은 여기서 음악 페스티벌도 열린다고 한다. 주일 날 예배드리는 교인 숫자보다 관광객이 훨씬 많겠지만 여하튼 백색과 회색의 물결로 주님을 찬양하는 모습은 상상만 해도 장관이다.

나는 지금 가장 촌구석 마을에서 초현대식의 성스러운 교회를 기적처럼 마주하고 있다. 여기 단아한 나무 의자에 앉아 밤새워 철야 기도라도 드리고 싶은 심정이다. 오늘 밤은 꿈속에서라도 이 자그마한 교회에서 유리 지붕 위로 보이는 밤하늘의 별을 보며 기도드려야겠다.

영원한
내 마음속 교회

모뇨에서 땅 끝 마을 푸지오까지는 걸어서 40분 정도 걸린다고 한다. 그 길을 등산하듯 오르면서 보게 되는 라비짜라 계곡의 경관이 정말 멋있다는 소리를 예전에 들은 기억이 났다. 그리고 푸지오에는 한 호텔이 있는데, 그 호텔 식당은 음식 맛뿐 아니라 분위기 또한 끝내준다고 한다.

혹시 아름다운 풍광에 홀딱 반해 마음을 빼앗기면 하룻밤을 자고 로카르노로 내려갈 수도 있다고 해서 나는 여행 욕심이 불쑥 생겼다.

"여보, 우리 푸지오까지 한번 걸어 볼까? 힘들면 그곳 호텔에서 하룻밤 묵어도 좋고."

넌지시 아내에게 묻자 돌아오는 대답은 "아니오"이다. 너무 무리해서 걸으면 오히려 건강에 좋지 않다고 그냥 돌아가자는 아내의 말에 나는 아쉽게도 발걸음을 돌려야 했다.

차를 타고 마을을 빠져 나오는데 마을 전체가 저 멀리 보인다. 구름에 살짝 가린 모뇨 교회가 몇몇 집들 가운데에서 성결한 흰 옷을 입은 예수님처럼 보였다. 그 예수님은 우리 가족을 위해 기도하며 환한 미소로 배웅하고 있다. 모뇨 교회는 이제 영원한 내 마음속 교회가 되었다.

Bellinzona

세 개의 고성으로 이루어진
벨린조나

편히 누워 하늘을 바라보면서
잠시 모든 걸 잊고 고성의 체취에 취해 본다.
귓가에서 철갑옷을 입은 기사의
힘찬 말발굽 소리가 들리는 듯했다.

유럽,
작은 마을
여행기

중세 고성이
살아 숨 쉬는 곳

스위스에 오면 아름다운 고성을 보지 않을 수가 없다. 그중 세 개의 중세 고성인 카스텔 그란데^{Castel Grande}, 몬테벨로 성^{Castello di Montebello}, 사쏘 코르바로 성^{Castello di Sasso Corbaro}으로 유명한 스위스 벨린조나^{Bellinzona}가 으뜸이다.

우리나라에서 여행 꽤나 한다는 스위스 마니아들이 마지막으로 들르는 곳이 루가노, 로카르노 그리고 벨린조나, 이렇게 삼총사 마을이다. 이 세 마을이 티치노의 주도를 번갈아 맡는다고 한다. 벨린조나는 루가노나 로카르노처럼 호숫가 마을은 아니지만 로마 시대와 중세 시대 때 지형적으로 상당히 중요했던 마을이었고, 유네스코 문화유산으로 지정된 세 개의 고성이 아직도 살아 숨 쉬는 유서 깊은 곳이다.

로카르노에서 벨린조나까지는 20킬로미터밖에 안 되지만 출근시간이라 길이 막혀 1시간 가까이 걸려 마을 어귀에 도착했다. 마을을 차로 한 번 둘러보았는데 그렇게 고대했던 성이 이상하게도 안 보인다. 일단 여행자 정보센터가 있는 광장 옆에 차를 주차시키고 지도를 구해 찾아보니 바로 옆이 카스텔 그란데라고 나와 있다.

그런데 아무리 둘러보아도 고성처럼 보이는 건물이 없다. 나중에 알고 보니 벨린조나는 마조레 호수로 들어가는 티치노 강의 약간 안쪽에 위치하고 있는데, 카스텔 그란데가 50미터 정도 볼록 튀어 나온 암벽산 위에 위치한 성이라 바로 코앞에서는 잘 보이지 않는다고 한다. 어쨌든 여행자 정보센터 직원이 카스텔 그란데로 올라가는 리프트가 있다고 친절하게 지도에 표시해 주어 안심하고 발걸음을 옮겼다.

카스텔 그란데

골목을 따라 가다 보니 구도시의 중심부 광장인 콜레기아타 광장이 나오고, 성 베드로와 스테파노 대성당의 모습이 보인다. 교회 정면은 절제된 이탈리아풍이고, 교회 내부는 바로크풍의 비교적 화려한 장식으로 되어 있었다. 나이가 500살 가까이 된 파이프 오르간은 아직도 예배 중에 생명이 넘치는 영혼의 소리를 낸다는데, 평일이라 그 소리를 못 듣는 게 너무나 안타까웠다.

솔레 광장 옆에 난 좁은 길로 들어서니 고성으로 올라가는 리프트가 나온다. 리프트를 타고 올라가니 바로 녹색 잔디가 깔린 고성의 널따란 앞마당이 우리 가족을 맞이했다.

Switzerland

카스텔 그란데 앞마당 위로 초록빛 산자락에 걸터앉은 몬테벨로 성과 사쏘 코르바로 성이 고풍스러운 은회색 빛의 보석들을 반짝거리며 우리의 눈을 즐겁게 해준다.

고대 로마는 북방 지역 국경의 첫 관문으로 벨린조나에 A.D. 4세기경에 로마 성을 세웠고, 중세 때부터 지금과 같은 형태의 카스텔 그란데를 그 위에 세웠다고 한다. 13세기경에 산 중턱에 몬테벨로 성이 세워지고, 1480년경에는 더 위쪽으로 사쏘 코르바로 성이 만들어졌다.

이곳저곳을 둘러보다가 카스텔 그란데 앞마당 끝자락에 이탈리아의 시에나 광장처럼 비스듬하면서도 둥그런 돌 마루 같은 곳이 눈에 띄었다. 나는 여기에 편히 누워 하늘을 바라보면서 잠시 모든 걸 잊고 고성의 체취에 취해 본다. 귓가에서 철갑옷을 입은 기사가 힘찬 기세로 타고 달려오는 말발굽 소리가 들리는 듯했다.

무라타 성곽

지형을 감안한 방어선을 위해 카스텔 그란데와 몬테벨로 성을 성벽으로 연결하고 카스텔 그란데에서 티치노 강까지는 무라타$^{La\ Murata}$ 성곽으로 연결했는데, 아이러니하게도 방어를 위한 성과 성벽들이 조화를 이루어 도시 전체가 거대한 걸작 예술품으로 변모하였다. 그 후 이

런 연결고리들은 1515년에 일어난 홍수와 긴 세월로 인하여 거의 파손되었지만, 티치노 출신 건축가인 아우렐리오 갈페티Aurelio Galfetti가 1992년까지 10년 동안 없어진 성벽들 중에 일부 구간을 보수했다고 한다. 또한 카스텔 그란데에는 리프트와 박물관을 만들고 무기고를 식당으로 개조하였다고 하니 그렇게라도 이곳이 보존되어 있어 얼마나 다행인지 모르겠다.

성 옆으로 돌아가 보니 마을 쪽으로 기다랗게 뻗은 무라타가 보인다. 중세 때는 티치노 강까지 연결되었다던 무라타를 아내와 함께 걸어 내려가 보았다. 마치 머나먼 중세 시대로 돌아가 구름 위를 걷는 듯한 기분이 들었다. 아내는 그동안 다녀 본 유럽의 여러 성들 중에 벨린조나가 가장 아름답다면서 연신 들떠 있었다. 우리는 무라타 끝까지 걸어갔다가 다시 가쁜 숨을 몰아쉬며 고성으로 올라갔다. 무라타에서의 산책은 현실 세계에 한 발을 걸치고 동시에 중세 시대를 느끼는 신비로운 경험이었다. 마치 무라타 길을 통해 타임머신을 타고 중세로 날아간 듯한 기분이랄까. 몽환적인 산책길에 대한 기억은 지금도 내 마음속에 고이 간직되어 있다.

백탑과 흑탑

카스텔 그란데 성 안에 있는 박물관과 포스트모던 풍의 블랙 칼라로 장식된 고급 레스토랑을 꼼꼼히 둘러보고 카스텔 그란데 사진

유럽,
작은 마을
여행기

전시장에서 추억으로 남을 만한 사진도 몇 장 찍었다. 사진을 찍는 것이 때로는 귀찮기도 하지만, 여행을 곱씹는 데는 사진만 한 것이 없기에 스쳐 지나갈 순간들을 열심히 남긴다.

파노라마 테라스가 성벽을 따라 길게 펼쳐져 있는 노천 식당에 앉아 탁 트인 전망에 눈을 맡기며 잠시 휴식을 취했다. 벨린조나를 방문한 관광객들 중에는 카스텔 그란데를 빙빙 둘러 걸어 올라가다가 시간이 모자라 고성은 제대로 구경도 못하고 성곽 앞에서 사진만 찍고 돌아가는 경우가 종종 있다고 들었다. 그래서 우리 가족은 단단히 준비를 하고 고성을 구석구석 둘러보리라 결심했다.

먼저 쌍둥이 탑처럼 생긴 고성 양쪽으로 불뚝 솟아오른 백탑_{토레 비앙카, Torre Bianca}과 흑탑_{토레 네라, Torre Nera}부터 둘러보았다. 양쪽을 번갈아 올라가면서 내려다보이는 성 내부와 마을 그리고 저 멀리 몬테벨로 성과 사쏘 코르바로 성의 색다른 전망을 실컷 즐겼다. 백탑과 흑탑은 이름만 그렇고 실제로는 두 탑 모두 회색 화강암으로 지어진 것이다.

아침 일찍 리프트를 타지 않고 카스텔 그란데 성곽을 빙빙 둘러 올라가서 구경하고 몬테벨로 성과 사쏘 코르바로 성도 등산 겸 올라가 보면 좋겠지만, 우리는 백탑과 흑탑의 전망만으로도 이미 만족스러웠다. 특히 롬바르드식의 날개 모양의 성채가 무척이나 아름다웠다.

이국적인 축제

백탑에서 내려다보며 잠시 눈을 감으니 오페라 아이다의 아리아가 카스텔 그란데 안마당에서 들려온다. 어느새 야간 조명으로 아름답게 빛나는 세 개의 고성인 카스텔 그란데와 몬테벨로 성과 사쏘 코르바로 성이 축제를 더 절정으로 이끌었다. 무슬림 라마단Ramadan과 마디그라Mardi Gras가 섞인 벨린조나의 특이한 라바단Rabadan 축제의 수많은 인파에 파묻힌 우리 가족은 솔레 광장에서 가면을 쓰고 이국적인 축제를 즐겼다.

현실 속에서 느끼는 세상의 즐거움은 아주 짧은 순간들이다. 그리고 기나긴 인내, 연마, 고독, 고통, 아픔, 슬픔, 상대적 박탈감이 뒤범벅이 되어 인생이라는 영화가 완성된다. 하지만 이 짧은 순간의 즐거움이 나머지 시간들을 버틸 수 있는 힘이 되기에 이 순간을 마음껏 즐겨 본다.

Verzasca

산과 하나가 되는
베르차스카

제법 한기가 느껴졌지만
다리 아래로 내려다보이는
계곡물이 에메랄드처럼 아름다워
당장 뛰어들고 싶은 마음이 들었다.

유럽,
작은 마을
여행기

베르차스카 계곡

오늘은 베르차스카 계곡의 라베르테조^{Lavertezzo} 마을을 가보려 한다. 로카르노에서 5킬로미터 정도만 벗어나도 벌써 원시림 같은 계곡이 나타난다. 잠시 더 올라가니 220미터 높이의 거대한 베르차스카 댐이 나왔다. 제임스본드의 '007 골든아이' 장면에도 이 댐이 나올 정도로 미학적으로 아주 날렵하게 설계된 건축물이다. 그리고 여기에서 실제로 번지 점프도 하고 있었다.

휴게소에 들르니 이 지역 화가가 티치노 계곡의 예쁜 조약돌 위에 아리따운 뱀을 문신처럼 새겨 넣은 작품들이 놓여 있다. 아내는 여행을 가는 곳마다 그 지역의 돌을 모으는 게 취미인데 조약돌 작품을 보더니 두 눈이 휘둥그레진다. 그러고는 가장 마음에 드는 작품 하나를 얼른 사서 만족스런 표정으로 작품을 감상한다. 지금도 그 돌은 우리 집 거실 중앙에 놓여 있는데 가끔 그 돌을 쳐다보고 있노라면 베르차스카 계곡의 추억이 되살아나곤 한다.

여기서 10킬로미터 정도를 올라가면 맞이하게 되는 베르차스카 계곡의 풍광과 공기는 스위스가 숨겨 놓은 소중한 보석이라 할 만하다. 베르차스카 계곡의 아름다움에 넋을 잃은 우리는 '베르차스카 계곡이 티치노의 숨겨진 보석이다'라는 관광홍보 문구가 거짓이 아님을 누구에게든 증언할 수 있게 되었다. 드디어 계곡을 끼고 자리 잡은 라베르테조 마을이 소박하고 얌전하게 그 모습을 드러내었다. 자그마한 종탑 교회와 집 몇 채, 그리고 단순한 창고가 있는 담백한 마을이다. 우리는 차를 강 옆에 주차시키고 계곡을 따라 올라가 보았다.

로맨틱한 로만 다리

　　드디어 계곡 중간에 수많은 여행자들이 "세상에서 가장 아름다운 다리, 모든 다리들의 어머니"라고 입을 모아 말하는 두 개의 아치형 돌다리가 보였다. 많은 이들의 찬사를 받는 이 다리는 중세 시대에 만들어졌다고 하는데, 그 모습이 로맨틱하여 '로만 다리'라고 불리기도 한다.

　다리를 구경하는 동안 내내 보슬비가 내렸다. 제법 한기가 느껴지고 으스스 추웠는데도 불구하고 다리 아래로 내려다보이는 계곡물이 에메랄드처럼 아름다워 당장 뛰어들고 싶은 마음이 들었다. 여름에는 물빛을 반짝이며 계곡물이 풍성하게 부풀어 오른다고 하는데, 그때는 어느 누구라도 그 물속으로 뛰어들고 싶은 유혹을 피하기가 어려울 것 같다. 그래서 붙여진 이름이 폰테 디 살티Ponte dei Salti, 즉 점프 다리라고 한다.

두 개의 아치형 다리는 아름다운 여인의 눈썹 같기도 하고 정열적인 사랑의 하트 모양 같기도 했다. 계곡 위에 발끝으로 꼿꼿이 서 있는 다리가 로댕의 수제자 앙투안 부르델Emile Antoine Bourdelle의 이사도라 던컨 조각상처럼 계곡 위를 사뿐히 날며 춤을 추는 듯이 보인다. 더욱이 다리를 건너며 느껴지는 다리 위의 굴곡은 마치 아름다운 여인의 둥그런 몸매처럼 매끄러웠다.

돌담 집에서의 저녁 식사

폰테 디 살티를 건너자 조그마한 오솔길이 하나 보인다. 오솔길을 따라 올라가니 인적이 드문 돌담 집이 나오는데, 굴뚝에서 연기가 피어오르고 있었다. 묵직한 나무문을 열고 들어가자 벌써 서너 명의 손님들이 자리를 잡고 이야기 중이었다.

배꼽티를 입은 쾌활한 십대 소녀가 주문을 받으러 왔다. 한적한 돌담 집 분위기와 어울리지 않아 도시에서 왔냐고 묻자 이곳 주인집 딸이란다. 여기서 나서 자란 토박이인데도 도시 소녀 같은 외모였다. 이제는 산골에까지 세계적인 유행 모드가 빠르게 들어오는구나 싶었다.

    주인집 딸은 친절한 미소로 주문할 만한 메뉴가 한 종류라고 알려 주었다. 그러고는 거친 호밀 빵과 하몽처럼 보이는 아주 얇게 썬 돼지 뒷다리를 내준다. 연이어서 걸쭉한 티치노 수프가 나오는데 빵을 찍어 고기와 함께 먹으니 생각보다 맛이 괜찮았다. 나는 티치노 사람이 다 된 듯 손가락에 묻은 수프까지 쪽쪽 빨아 먹었다.

    여기서 만들었다는 티치노 포도주가 한 병 나왔는데, 포도주 잔이 꼭 우리나라 막걸리 사발처럼 생겼다. 옆에 앉은 독일인 부부에게 물으니 여기서는 포도주를 이런 도자기 잔에 마신단다. 그러고 보니 스위스 몇 군데서 푸른 줄이나 붉은 줄이 있는 막걸리 잔 같은 도자기 컵과 포도주가 그려진 로고들을 본 기억이 스쳐지나갔다. 이 집 와이너리에서 직접 담갔다는 포도주를 사발 잔에 담아 맛을 보는데, 마치 전라도 산골에 있는 절에

서 스님이 담근 김치와 막걸리를 맛보는 것 같은 느낌이 들었다. 나는 경이로운 마음으로 포도주를 음미하며 입 안에서 감도는 쌉싸래한 맛을 오래도록 잊지 않으려 했다.

기대 이상의 맛, 스위스 와인

스위스를 여행하며 느낀 것인데, 스위스 와인 맛이 생각보다 매우 훌륭하다는 사실이다. 스위스 와인은 서부인 레만 호숫가 지역, 체르마트Zermatt가 있는 발레Valais 지역 그리고 남부인 티치노 지역의 와인이 특히 유명한데, 98%가 국내에서 소비되고 나머지 2% 정도만

유럽,
작은 마을
여행기

이웃 독일에 수출되고 있다고 한다. 대부분의 양을 국내에서 소비하고 있다니 스위스 국민들이 부러울 따름이다.

    스위스 와인 중에서 메를로 품종으로 빚은 티치노 와인은 투박하면서도 강렬한 맛이 있다. 나는 지금도 스위스 체르마트의 식당 지배인이 심혈을 기울여 만들었다며 권유한 부드럽고 꽉 찬 발레 와인의 맛을 잊을 수가 없다. 그리고 티치노 라베르테조 마을의 돌담 집에서 사발에 담아 마신 와인의 담백하면서도 강렬한 맛도 일품이라는 생각이 든다.

    여기서 또 하나, 와인을 증류해서 만든 기막힌 맛의 그라파^{Grappa}라는 술이 있는데 도수가 보드카만큼이나 높지만 감치는 맛이 있어 많은 사람들이 찾는다. 그러나 알코올 도수가 높은 만큼 술에 약한 사람들은 피하는 게 상책이다.

벽난로 앞의 고양이

    돌담 집에는 꽤 오래된 것처럼 보이는 낡은 벽난로가 있었다. 우리는 벽난로 가까이 가서 불을 쬐었는데 너무나 귀여운 고양이 한 마리가 이미 자리를 잡고 앉아 있었다. 하루 종일 이곳저곳을 다니느라 피곤했던 우리는 솜털 보송보송한 귀여운 고양이를 품에 안고 벽난로 앞에서 몸과 마음을 녹였다. 아, 따스한 기운이 스며들면서 오늘 하루의 여

독이 한순간에 풀리는 것 같았다.

때마침 독일인 부부가 거실로 들어왔다. 아내는 독일인 부인에게 이것저것 말을 걸더니 이윽고 금세 친구가 되어 도란도란 이야기를 나누었다. 특히 두 여인은 시간 가는 줄도 모르고 스트레자 마을에서 열린다는 장에 대해 이야기꽃을 피웠다. 나중에 아내는 그 장에 가보지 못해 못내 아쉬워했다. 아무래도 언젠가는 아내를 위해서 각 유럽 마을에서 열리는 장만 돌아보는 것을 테마로 여행 계획을 짜봐야 할 것 같다.

유럽,
작은 마을
여행기

Saint-Moritz

엥가딘의 보석
생 모리츠

위대한 자연 속에서 인간의 예술작품이
나오는 것은 어쩌면 당연한 일이지 않을까?
나 역시 종이와 펜을 꺼내
시 한 편을 쓰고 싶은 충동에 휩싸였다.

유럽,
작은 마을
여행기

매력적인 산골 도시

오늘은 스위스 다보스^{Davos}에서 남쪽으로 한 시간 남짓 걸리는 생 모리츠^{Saint-Moritz}에 가보기로 했다. 생 모리츠는 수려한 알프스 산길을 따라 세계적인 멋쟁이들인 소위 젯셋^{Jet-set, 호화부유층} 족속들이 몰리는 가장 화려한 스키 리조트이다. 스위스 남동쪽 가장 구석에 있는 엥가딘 계곡에 위치해 있는데, 마치 우리나라 강원도 감자 바위 같은 곳이다.

엥가딘 계곡은 100킬로미터 정도로 기다란 모양인데, 상부와 하부로 나뉘어져 있다. 이곳에서는 주로 독일어를 사용하고^{일부에서는 이탈리아어도 쓴다} 고유 언어인 레토-로만어^{Rhaeto-Romanic language}도 남아 있다. 고유 전통관습도 여전히 볼 수 있다고 하니 세월이 비껴 간 곳이라는 생각이 든다.

생 모리츠는 상부 엥가딘에 속하지만 정확히 말하면 상부와 하부 엥가딘 중간쯤에 위치한다. 상부보다 하부 엥가딘이 더 시골이라고 하는데, 이곳 사람들 말로는 엥가딘 구석구석을 찾아다니며 훑는 재미가 크다고 한다.

엥가딘 계곡은 첩첩산중이어서 대부분의 마을이 외부와 단절된 한적한 느낌인데, 생 모리츠만큼은 유일하게 세계적 저명인사들과 부호들이 몰리는 고급 리조트로 변신을 하였다. 생 모리츠는 햇빛이 찬란한 화창한 날씨가 1년 중에 322일로 스위스 마을 중에서도 가장 쾌청하고 청량한 샴페인 기후로 소문이 나 있다. 또한 미네랄이 풍부한 광천수 온천이 나오는데, 3천 년 전인 황동기 시대에도 사용한 흔적이 있고 류머티즘이나 심장병에 효험이 있다고 하여 일급 요양소로도 유명하다.

　중세 때 교황 레오 10세는 생 모리츠의 풍광과 온천의 효험에 반하여 이곳을 순례하는 신도들에게 면죄부를 약속했다고 하니 그 매력이 대단하기는 한 것 같다. 이상한 권력가의 어처구니없는 발상으로 면죄부 판매에 이용된 곳이지만 어쨌든 생 모리츠가 팔색조의 매력을 뽐내는 도시라는 것에는 변함이 없다.

올림픽이 열린 스포츠 마을

　생 모리츠에 들어서니 왼쪽으로 우아하고 아름다운 모습의 생 모리츠 호수가 펼쳐져 있고, 오른쪽으로는 호수 북쪽의 가파른 언덕에 도르프^{Dorf} 지역이, 호수 남서쪽으로는 온천이 모여 있는 바트^{Bad} 지구가 보인다.

유럽,
작은 마을
여행기

생 모리츠는 이렇게 도르프와 바트, 두 마을로 이루어져 있다. 도르프란 독일어로 '마을'이고, 바트는 '온천'이라는 뜻인데, 예로부터 온천으로 유명해서 붙여진 이름이라고 한다.

생 모리츠는 1927년에 세계 최초의 스키 학교가 세워졌고, 1928년과 1948년 두 차례나 동계 올림픽이 열렸으며, 2003년에는 알파인 스키 월드 챔피언십을 개최하기도 하는 등 동계 스포츠로도 유명한 도시이다.

특별히 매 겨울마다 호수 위에서 폴로 경기와 마차 경주가 벌어지는데 눈발을 휘날리며 하는 경기가 장관이라고 한다. 세계적인 팀들도 온다고 하니 다음 겨울에는 이곳을 찾아 그 멋진 경기를 보리라 다짐해 본다.

엥가딘 계곡을 횡단하는 스키 마라톤 대회는 3만여 명의 선수가 참가하는 세계 최대 규모의 스포츠 행사다. 여름에도 호수에서는 윈드서핑을, 마을 곳곳에서는 승마와 골프, 필드 폴로 등을 하며 즐긴다. 이렇게 세계적인 부호든 가난한 배낭 여행객이든 모두 자신의 수준에 맞는 숙소와 레포츠를 찾아 대자연 속에서 휴식을 즐길 수 있는 곳이 바로 생 모리츠이다.

마침 우리 가족이 방문한 시기가 초가을 주말이라 그런지 생 모리츠는 호수 위, 호숫가, 길거리, 하늘 할 것 없이 스포츠를 즐기는 사람들로 북적거린다. 특히 이곳 생 모리츠는 빙하 특급 생 모리츠-안데르마트-브리그-체르마트과 베르니나 생 모리츠-티라노-루가노 특급의 발착 지점이기 때문에 유레일패스 여행자들이 많이 몰리는 곳이기도 하다.

유럽,
작은 마을
여행기

생 모리츠에서 등산열차를 타고 피츠 나이르$^{Piz\ nair}$ 전망대에 올라 해발 3천여 미터 되는 산 정상에서 알프스 산맥을 감상해 보는 것도 멋진 경험이 될 것이다.

위대한 예술가들의 휴식처

니체^{Nietzsche}는 1883년에서 1885년 사이에 몸이 안 좋아 생 모리츠에서 요양하며 『짜라투스트라는 이렇게 말했다』라는 4부로 된 철학적 산문시를 집필했다. 니체는 유일하게 지지받을 수 있는 인간의 반응은 허무주의적 반응, 즉 신이 없음이며, 신의 죽음은 인간을 자유롭게 하고 자신을 완성하며 그 본질을 발견하여 '그리스도의 영혼을 가진 카이사르'인 초인에 도달하게 된다고 했다. 이러한 니체의 사상은 인간이 사고할 수 있는 최상의 극점에 도달해 있어 한때 나의 젊은 시기를 완전히 사로잡기도 했다. 하지만 지금은 기독교인으로서 다시 바라보니 위대한 철학자 니체의 사상이 안타깝고 동조할 수 없는 껍데기 사상처럼 보인다. 그가 진정으로 예수 그리스도를 알았다면 그렇게 허무주의를 외치지 않았을 텐데 말이다.

또 한 명의 위대한 예술가인 조반니 세간티니$^{Giovanni\ Segantini}$는 평생 생 모리츠의 목가적인 풍경을 화폭에 담았다고 한다. 도르프에서 바트로 가는 중간에 엥가딘 박물관과 세간티니 박물관이 맞붙어 있는데, 이곳에서 엥가딘 계곡과 이를 찬미하려는 한 사나이의 멋들어진 그림을 번갈아 가며 감상해 보는 즐거움도 누릴 수 있었다.

  생 모리츠에 와 보니 왜 이토록 이곳에서 유명한 예술작품들이 나오는지 조금은 알 것 같다. 생 모리츠의 자연 풍광 자체가 인간의 눈에 담기도 황홀할 정도로 아름다운 예술품이기 때문이리라. 위대한 자연 예술품 속에서 인간의 위대한 예술작품이 나오는 것은 어쩌면 당연한 일이지 않을까? 나 역시 종이와 펜을 꺼내 시 한 편을 써 내려가고 싶은 충동에 휩싸였다.

  이 근처에는 5성급 호텔이자 세계 유명 인사들과 부호들의 아지트인 바트루트스 궁전 호텔Badrutts Palace Hotel이 있다. 여기는 웬만한 사람은 출입이 통제되어 있다. 모나코의 파리 호텔보다 더 엄격하게 출입을 제한한다고 하니, 정말 엄청난 세계 유명 인사들이 드나드는 곳이긴 한가 보다. 세계적으로 내로라하는 이들의 공간인 바트루트스 궁전 호텔은 호수 위로 깎아지른 듯한 설계로 만들어졌는데, 호텔 방에서 내다보는 전망이 한 폭의 그림 같다고 한다. 나는 언제쯤 세계적인 유명 인사가 되어 이곳에 묵어 볼 수 있을까? 세계적 부호가 된 내가 이 호텔을 마음대로 드나드는 상상을 하면서 혼자 빙그레 웃는다.

유럽,
작은 마을
여행기

Switzerland

에필로그

내 영혼의
리듬을 살리는 여행

여행은 인생에 리듬을 부여하는 중요한 쉼표라고 생각한다. 내 인생의 리듬이 어떤지를 점검하고 잠시 숨 고르기를 할 수 있는 중요한 순간이기 때문이다. 나는 이번 여행을 통해 나만의 리듬을 찾고 그 리듬에 따라 인생에서 춤추고 노래하며 앞으로 전진할 수 있었다. 프랑스와 스위스의 작은 마을들에서 오히려 큰 휴식을 취하고 에너지를 얻게 된 것이다. 그래서 나에게는 의사 조광열로서의 삶뿐만 아니라 여행가 조광열로서의 삶도 똑같이 소중하고 값지다.

　여행에서 만난 수많은 도시와 마을들, 그리고 그곳에서 만난 사람들을 통해 나는 사랑과 정을 배우고 친구를 얻었다. 우연히 얻게 되는 여행지에서의 만남은 나에게 크나큰 선물이다. 그들과 대화하며 선진 문화를 자연스레 배우고 여행지에 대한 알뜰 정보를 나누었던 일들이 작은 추억이 되어 지금도 떠올리면 저절로 미소가 지어진다. 그러면서 나 자신이 조금씩 성숙하고 그릇이 큰 사람으로 거듭나게 되는 것을 느낀다.

　이 모든 선물 같은 여행, 보석과도 같은 추억들을 내 인생에서 허락하신 하나님께 감사드린다. 그리고 그 값진 순간들을 사랑하는 가족들과 늘 함께할 수 있기를 기도한다.